GUÍA S.O.S PARA LIDIAR CON PADRES TÓXICOS O INMADUROS

Cómo Tratar con Padres Toxicos, Narcisistas o Inmaduros

SYLVESTER TWITTY

© **Copyright 2022 – Sylvester Twitty - Todos los derechos reservados.**

Este documento está orientado a proporcionar información exacta y confiable con respecto al tema tratado. La publicación se vende con la idea de que el editor no tiene la obligación de prestar servicios oficialmente autorizados o de otro modo calificados. Si es necesario un consejo legal o profesional, se debe consultar con un individuo practicado en la profesión.

- Tomado de una Declaración de Principios que fue aceptada y aprobada por unanimidad por un Comité del Colegio de Abogados de Estados Unidos y un Comité de Editores y Asociaciones.

De ninguna manera es legal reproducir, duplicar o transmitir cualquier parte de este documento en forma electrónica o impresa. La grabación de esta publicación está estrictamente prohibida y no se permite el almacenamiento de este documento a menos que cuente con el permiso por escrito del editor. Todos los derechos reservados.

La información provista en este documento es considerada veraz y coherente, en el sentido de que cualquier responsabilidad, en términos de falta de atención o de otro tipo, por el uso o abuso de cualquier política, proceso o dirección contenida en el mismo, es responsabilidad absoluta y exclusiva del lector receptor. Bajo ninguna circunstancia se responsabilizará legalmente al editor por cualquier reparación, daño o pérdida monetaria como consecuencia de la información contenida en este documento, ya sea directa o indirectamente.

Los autores respectivos poseen todos los derechos de autor que no pertenecen al editor.

La información contenida en este documento se ofrece únicamente con fines informativos, y es universal como tal. La presentación de la información se realiza sin contrato y sin ningún tipo de garantía endosada.

El uso de marcas comerciales en este documento carece de consentimiento, y la publicación de la marca comercial no tiene ni el permiso ni el respaldo del propietario de la misma. Todas las marcas comerciales dentro de este libro se usan solo para fines de aclaración y pertenecen a sus propietarios, quienes no están relacionados con este documento.

Índice

Introducción	vii
1. ¿Qué Es La Inmadurez Emocional?	1
2. Diferentes Tipos De Padres Emocionalmente Inmaduros	23
3. Las Consecuencias De Crecer Con Padres Emocionalmente Inmaduros	41
4. Pensamientos "Si" Comunes Y Cómo Cambiarlos A Través Del Amor Propio	61
5. Cuatro Pasos Para La Sanación Interior	79
6. Cómo Practicar La Mente Propia Y Desbloquear Tu Potencial	97
7. Cómo Sanar Las Relaciones Con Tus Padres	125
8. No Te Rindas	141
Conclusión	153

Introducción

Cada vez que consideras que un libro sobre un tema es intrincado sobre padres jóvenes, una de las principales cosas que te preguntas es qué hace que el escritor esté calificado para escribir un libro sobre el tema. Muchos creadores tienen una base en educación avanzada, adquiriendo títulos en campos como la ciencia del cerebro y las investigaciones sociales. Si bien hay mucho que decir acerca de las ilustraciones que puede brindar una capacitación de este tipo, también hay mucho que decir acerca de los ejemplos adquiridos a través de una visión cercana al hogar. Ese es el lugar donde comienzan mis calificaciones. Soy el resultado de padres realmente jóvenes, y experimenté una adolescencia genuinamente venenosa y horrible, que impactó mi vida durante mucho tiempo. Caí en un estándar de conducta que provocó muchos desliices y lamentos hasta que finalmente encontré el meollo del problema. Realmente en ese momento estaba listo para implementar las mejoras importantes para arreglar mi vida. Las ilustraciones que aprendí en el camino son los conocimientos que comparto en este libro.

Sin embargo, antes de leer esos fragmentos de información, debes saber el viaje que me llevó a su revelación. Esta es mi historia:

Yo era un niño estándar, experimentando la infancia en un hogar convencional. O posiblemente eso es lo que acepté. Como joven, nunca sabes realmente cuáles son tus encuentros, no son tan típicos como deberían ser. Lo que si es que mi mamá era una de esas personas que nunca había sido feliz con su vida. En consecuencia, intentó utilizar mi vida para satisfacer sus fantasías. Me hizo buscar cosas que le encantaban, y constantemente me contrastaba con su yo de fantasía. Obviamente, siempre fui incapaz de satisfacer esas pautas y, en consecuencia, fue una constante desilusión para ella.

Alternativamente, mi papá estaba un poco más lejos. Él era la persona que trabajaba en una ocupación regular para cubrir los gastos. Posteriormente, él no estaba en

Introducción

casa durante el día, por lo que, por regla general, no lo veía hasta la hora de la cena. Trágicamente, no podía adaptarse a las cargas de la vida cotidiana, por lo que podía verse afectado incluso por el más pequeño de los problemas. Una bebida derramada, una comida fría o el más mínimo complejo de proclamas podrían ponerlo absolutamente furioso. Cuando era niño, me familiaricé con llevar una vida diaria en la que sentía que siempre caminaba con ligereza, sabiendo que finalmente haría un avance fuera de la base y agitaría la bestia dentro de mi padre. Sin embargo, acepté que esto era normal.

A medida que hice compañeros y experimenté las peculiaridades racionales de los demás, comprendí que mi vida hogareña estaba, de hecho, muy lejos de lo normal. Trágicamente, esto principal agravó la situación para mí. La pura verdad era que me culpaba a mí por la desesperanza que soportaban mis padres.

Independientemente de si esto se debía a que mi madre me decía continuamente que no era suficiente, o si era el resultado directo de la molestia que mi padre me provocaba, no tengo la menor idea. Tal vez solo era un niño que intentaba resolver las cosas, y llegué a la conclusión de que debía culparme por la miseria de todas las demás personas. De todos modos, acepté

Introducción

genuinamente que yo era la justificación de por qué mis padres estaban tan descontentos con la vida.

Esto me hizo retraerme en mí mismo a medida que crecía. En la escuela, básicamente no tenía amigos de verdad, y realicé un valiente esfuerzo para volar bajo el notorio radar. Estaba convencido de que nunca podría satisfacer las normas de nadie, por lo que simplemente necesitaba que me pasaran por alto. A la larga, descubrí cómo poner a cero mis energías en mis exámenes. Independientemente de si estaba tratando de satisfacer a mi madre o era básicamente un método para observar la razón en mi vida, me convertí en un suplente demasiado agresivo, que estaba ansioso por ser el más increíble por dentro y por fuera. A fin de cuentas, nunca busqué reconocimiento o algún premio. Simplemente esperaba demostrarme a mí mismo que estaba preparado para ser bueno en algo.

Cuando me gradué de la escuela secundaria, estaba empezando a sentir el peso de pasar mi tiempo en la tierra satisfaciendo las suposiciones de los demás. Elegí tomar una grieta en la escuela, ese fue un largo camino desde mi hogar, uno donde finalmente pude escapar de la sombra de mis padres y comenzar a convertirme en mi propio individuo. El sabor de la oportunidad era embriagador, y los encuentros que brindaba la vida escolar eran todo lo que podría haber imaginado. De hecho, ¡estaba más allá de mis sueños más descontrolados!

Eso fue particularmente obvio cuando terminé completamente loco por una persona que conocí en mi primer año. Fue realmente un ejemplo de adoración inexplicable. Me prestó atención de una manera que ninguna otra persona lo había hecho en ningún momento, y me volví dependiente de la consideración que me daba. Obviamente, cuando me lo propuso después de solo cuatro meses, dije "OK" y rápidamente me mudé con él. Esto, pensé, era el comienzo de una vida superior; uno alejado de la nociva idea de mis padres, uno que rebosara de cariño, alegría y todas las demás cosas que nunca tuve de niño.

Dos meses después del hecho, quedé embarazada. Esto nos incitó a casarnos de inmediato y continuar con nuestra convivencia como una nueva y alegre familia. Como habrás especulado, cuando nos casamos las cosas empezaron a cambiar. Mi media naranja comenzó a alejarse de mí, invirtiendo menos energía conmigo y siendo menos cariñoso a medida que pasaba el tiempo. Al final, empezó a menospreciarme, haciéndome saber que en ese momento no era lo suficientemente adecuada, hermosa o brillante. Luego vino la rabia. De la nada comprendí una verdad asombrosa y terrible. Me enganché a alguien como mi papá. En mi esfuerzo por escapar de las garras de una relación venenosa, me había topado de frente con otra.

Fue entonces cuando un compañero mío me informó acerca de algo que muchos llaman condición de comportamiento narcisista. Mientras me concentraba en esta condición, entendí que en un sentido real estaba aprendiendo acerca de mi media naranja y mi papá. También comencé a comprender que, de niña, en lugar de ser la razón de un clima dañino, en realidad había sido víctima de uno.

Cuanto más me concentraba en personajes y conexiones dañinas, más comenzaba a comprender mi propio carácter y conducta. A fin de cuentas, mi corazón sintió que no fue la única vez que me volví obediente y servil. Prácticamente todas mis amistades en la escuela eran iguales. Me esforcé por satisfacer a todos en cualquier capacidad que pude. Verdaderamente acepté que el camino a mi satisfacción era hacer felices a todas las demás personas. En ese momento entendí la razón por la que esa perspectiva había rastreado su dirección en mi cerebro. Cuando cumplí 35 años, concluí que había llegado el momento de dirigir mi concentración hacia las conexiones y las condiciones de comportamiento. Regresé a la escuela y me convertí en un mentor holístico. A partir de ese momento, he dedicado mi vida a ayudar a otras personas que han pasado por los percances más venenosos y horribles que me liberaron de los impactos de esas ocasiones. Al compartir mis encuentros así como mi percepción sobre el asunto, estoy lista para ayudarlos a conquistar la baja confianza, los límites apasionados y las convicciones restrictivas que les impiden satisfacer su potencial real. Cada vez que ayudo a otra persona a recuperarse de sus heridas pasionales, siento que me recupero un poco más. Tal vez ese sea el mejor regalo que he encontrado al ayudar a otros.

Actualmente llevo una vida alegre y satisfactoria como madre de dos niñas magníficas. Mis hijas son señoritas sólidas, libres y adoradoras, una señal de que tuve la opción de vencer mi pasado y ser la madre que nunca tendré. Por muy satisfactorio que pueda ser, no es suficiente para mí. Últimamente he llegado a la conclusión de que quiero llevar mi juego a un nivel superior, por así decirlo. En lugar de ayudar a uno o dos individuos a la vez, realmente quiero ayudar a tantos individuos como pueda. Este libro es el medio por el cual planeo hacer exactamente eso.

Al compartir mis encuentros, experiencias e información en este libro, deseo ayudar a individuos incalculables a liberarse de su horrible pasado y comenzar a experimentar la vida alegre y sólida para la que están preparados. Además, deseo empoderar a cada lector para que se conviertan en los padres que deseaban tener cuando eran niños y crecían con padres jóvenes. Si puedo ayudar a otros a experimentar la felicidad, la libertad y el sentido de autoestima que he logrado, entonces habré tenido éxito en mi misión.

1

¿Qué Es La Inmadurez Emocional?

Cuando escuchas la expresión "adolescencia apasionada" lo más probable es que pienses en un niño pequeño, de cinco o seis años, haciendo un berrinche. Posiblemente sus padres les hicieron saber que no podían comprar un juguete específico, o que no podían comer salchichas para el almuerzo. Independientemente de la explicación, en lugar de tolerar básicamente las circunstancias y continuar, el niño da un paso adelante en la lucha, ventilando su insatisfacción a través de gritos, llantos y pataleos que todos los padres temen.

Si bien se trata de una descripción excepcionalmente precisa de la juventud apasionada, apenas resulta perturbadora. A fin de cuentas, los niños son juveniles.

De esta manera, nadie se anticiparía a comprender la razón por la cual su conducta en tal circunstancia fue incorrecta.

Desafortunadamente, la adolescencia entusiasta generalmente no termina cuando un individuo entra en la edad adulta.

En cambio, a menudo sigue a un individuo a lo largo de toda su vida, lo que hace que actúe de manera perturbadora en el mejor de los casos y dañina en el peor, lo que afecta cada relación que tiene de una manera muy negativa. Esta sección hablará acerca de ser genuinamente juvenil, brindando ejemplos explícitos de prácticas y cualidades de carácter de individuos jóvenes. También abordará algunos de los componentes fundamentales de la adolescencia entusiasta en los padres, lo que te ayudará a saber si tus padres cumplen o no con esos criterios.

Definición de inmadurez emocional

Para poder ser completamente joven, debes tener en cuenta que hay dos componentes inconfundibles de esta condición. El componente principal es el apasionado. Cuando una persona es genuinamente joven, a menudo no tiene la capacidad de ver la vida mentalmente. En igualdad de condiciones, todo lo que experimentan se maneja a través de un canal entusiasta, dándole un valor estrictamente dependiente de cómo les afecta. En general, en lugar de considerar detenidamente su dirección en la vida, una persona sinceramente juvenil siente su dirección en la vida. En este sentido, para que algo sea genial, es necesario que les dé alegría. No obstante, si un individuo, una ocasión, o la experiencia se niega a entregar alegría, es visto como horrible, incorrecto o indeseable.

El segundo componente de la adolescencia apasionada es el de ser juvenil. Esto cubre una amplia gama de prácticas y personajes, de los que se hablará más detalladamente a continuación.

Es suficiente comprender ahora que el componente juvenil de esta condición mantiene a un individuo completamente auto ingerido, muy parecido al niño normal de cinco o seis años. Alguien experimentando entusiasmo en la juventud generalmente no está equipada para ver más allá de sus propias consideraciones y sentimientos. Por lo tanto, a menudo pasan por alto cuestiones de mayor perspectiva como eventos mundiales, causas normales y otras cosas que sirven para tener importancia para el mundo en general. Toda su presencia ocurre dentro de su propio cerebro, y comprende solo sus anhelos, miedos y suposiciones. Tal punto de vista narcisista provoca la incapacidad de ver la vida de acuerdo con el punto de vista de otra persona, lo que hace que cada elección, actividad y reacción sean excepcionalmente egocéntricas por naturaleza.

Cuando se unen, los dos componentes forman una tercera parte, la de no poder controlar reacciones entusiastas, tanto grandes como terribles. Este es el lugar donde la imagen del niño lanzando una actitud adecuada se convierte en un factor integral una vez más. En lugar de considerar los sentimientos de los demás o los resultados de su propio comportamiento, un individuo sinceramente juvenil básicamente mostrará su reacción apasionada ante cualquier circunstancia que lo desencadene. Por lo general, esto se encuentra en los episodios de furia en los que una persona realmente detona cuando no obtiene algo actuando de manera particular. Mientras que los ataques de un joven son mínimos, más allá de lo irritantes, los de un adulto desarrollado pueden ser desconcertantes, particularmente cuando están equipados para causar daño o herir a otros. De esta manera, es crucial conocer los signos de alerta de una persona juvenil para protegerse más fácilmente de cualquier erupción potencial que pueda provocar.

Inmadurez emocional en los padres

Experimentar una juventud apasionada en un individuo es bastante terrible bajo cualquier condición. Cuando se trata de conocimiento sobre la propia gente, se vuelve mucho más terrible. Esto se debe a que la conexión entre un niño y sus padres es de confianza, en la que el niño depende de sus padres para dar amor, rubro y en especial, seguros contra todo tipo de daños y riesgos. Cuando esos padres son muy jóvenes, dejan al niño no solo indefenso frente a los riesgos del resto del mundo; también los deja indefensos frente a los peligros que crean sus propios padres. Esto puede causar una lesión apasionada crítica, cuyas cicatrices pueden durar para siempre. Indicaciones de que sus padres son sinceramente jóvenes, incorpora lo siguiente:

Son egocéntricos. Las personas, en general, tienden a ser un poco egocéntricas y eligen hacer cosas que sirvan a sus intereses primero antes de actuar en nombre de los demás. Sin embargo, cuando alguien se convierte en padre, se espera que esa mentalidad cambie. Si bien la persona aún puede anteponer sus necesidades y las necesidades de su familia, nunca debe anteponer sus deseos personales a las necesidades de sus propios hijos. Sin embargo, esta es una señal clásica de que un padre es emocionalmente inmaduro.

Son inconsistentes. Otra expectativa de un buen padre es que sea consistente en su estado de ánimo, sus valores y sus acciones. Al ser constantes, ayudan a crear un ambiente que se siente seguro para sus hijos.

Por el contrario, cuando un padre experimenta cambios de humor extremos o se vuelve errático en su comportamiento, crea una sensación de caos que socava la sensación de seguridad y confianza del niño. Nunca saber qué esperar de un padre es suficiente para que cualquier niño se retire a la seguridad de su propia mente y, como resultado, se cierre a los demás.

Se estresan fácilmente. Nadie diría que la vida de un padre es fácil y libre de estrés. Por el contrario, todos los padres que se preocupan por sus hijos y su hogar experimentarán tensiones de todas las formas y tamaños a diario. Sin embargo, la mayoría de los padres desarrollan una piel dura y la fortaleza que les permite soportar tales tensiones y vivir una vida feliz y normal. Desafortunadamente, no es así como funcionan las cosas en el caso de los padres emocionalmente inmaduros. En lugar de volverse más resistentes al estrés, los padres emocionalmente inmaduros son muy vulnerables a situaciones estresantes. Por un lado, esto puede provocar que se disparen emocionalmente ante el más mínimo tema. Por otra parte, puede hacerlos huir de los problemas difíciles a lo largo de la vida cotidiana, cubriendo la cabeza en la arena notoria en lugar de dar la dirección y el respaldo que se espera de ellos.

Son pasivo-agresivos o incluso agresivos con sus hijos. Esto es algo que se esperaría de una persona emocionalmente inmadura. Volviendo a pensar en el niño que tiene una rabieta, una de las cosas que suele ocurrir en tal rabieta es una diatriba verbal de cómo el niño odia a sus padres y cuán injustos siempre son sus padres. Tales arrebatos son comunes entre los niños y los padres emocionalmente inmaduros.

. . .

Desafortunadamente, en este caso, es el padre despotricando al niño en lugar de que sea al revés. Alternativamente, un padre puede ser más pasivo-agresivo, eligiendo cuestionar el amor del niño por él, cuando siente que no se está saliendo con la suya.

En cualquier caso, tal abuso emocional puede dejar cicatrices profundas y dolorosas.

Viven indirectamente a través de sus hijos. Una tendencia pasivo-agresiva común de los padres emocionalmente inmaduros es vivir indirectamente a través de sus hijos. Si bien cualquier padre quiere compartir las alegrías y los éxitos de sus hijos, otra cosa es tratar de experimentar esas alegrías y éxitos de primera mano. Los padres emocionalmente inmaduros generalmente impondrán sus elecciones y deseos a sus hijos, obligándolos a vivir la vida que nunca pudieron vivir. Esto sucede a menudo cuando los padres provienen de familias de bajos ingresos donde las oportunidades son pocas y distantes entre sí. Con frecuencia aparece en cosas tales como opciones de carrera o qué universidad elegir, una a la que los padres siempre soñaron con ir.

. . .

Crean una relación excesivamente dependiente. Cualquier niño dependerá en gran medida de sus padres. Después de todo, pocos niños pueden poner un techo sobre sus cabezas y comida en la mesa, por lo que necesariamente dependerán de los esfuerzos de sus padres. Sin embargo, los padres emocionalmente inmaduros utilizarán esta dependencia a su favor, creando una situación en la que se hacen cada vez más importantes en la vida de sus hijos.

En lugar de construir una perspectiva de certeza y autonomía en sus jóvenes, los padres jóvenes mantienen al niño en una condición de necesidad, dependiendo siempre de ellos para su seguridad y respaldo. Esto aumenta la importancia de los padres, que tienen valor y significado para su vida en detrimento de su hijo.

Diez señales de inmadurez emocional

La lista anterior se centró en las señales mostradas por papás jóvenes hacia sus propios hijos. Es importante recordar que, si bien una persona puede ser padre, también es una persona estándar. Esto implica que su juventud entusiasta influirá en cada parte de su vida, además de sus conexiones en el hogar.

De esta manera, hay varios indicios diferentes de una adolescencia apasionada que se pueden ver en todos los asuntos cotidianos, incluido el trabajo, las conexiones sociales, entre otras cosas. El resumen adjunto son diez de los signos más conocidos de que una persona es sinceramente inmadura.

1. Nunca se hacen responsables de sus acciones

Uno de los mayores indicadores de desarrollo en un individuo es su capacidad para apropiarse de sus actividades, particularmente cuando esas actividades producen resultados adversos.

Sin embargo, cuando una persona necesita un desarrollo entusiasta, esa capacidad suele estar totalmente ausente.

. . .

Como regla general, esto toma el estado de culpar a otros o poderes por la preocupación más importante. Por ejemplo, en caso de que pierdan su empleo debido a que la ejecución de su trabajo fue deficiente, en lugar de asumir la responsabilidad, culparán a su jefe o culparán a la economía por perder su empleo. Nunca admitirán la culpa incluso cuando la culpa recaiga directamente sobre sus hombros.

Otra forma en que un individuo genuinamente juvenil desvía la responsabilidad con respecto a sus actividades es culpar al efecto que otros tienen sobre ellos. En el caso de que alguien pierda su empleo, independientemente de si el individuo reconoce que su presentación fue inadecuada, en lugar de asumir la responsabilidad, culpará a los demás por preocuparlo o no ser lo suficientemente estable, lo que lo hará ser malo en su trabajo en particular. De esta manera, el problema puede ser seguido para siempre a otra persona, aunque sea de forma contundente teórica e inactiva.

2. Carecen de empatía

. . .

Tiene sentido que alguien que es completamente devorado por su propio ente ante esta perspectiva manierista, no esté en absoluto preparado para mostrar simpatía hacia nadie bajo ninguna circunstancia.

Por lo tanto, un individuo genuinamente juvenil no es difícil de reconocer, ya que son los individuos más básicos, inhumanos y aparentemente desenfrenados con los que te encontrarás en cualquier momento. En general, tal individuo es catalogado como despiadado, que no piensa a menudo en el agravamiento y la resistencia de los demás. No obstante, se trata menos de un problema de no pensar a menudo en la perdurabilidad de los demás y más de un ejemplo de no ver realmente la experiencia en primer lugar.

Dado que las personas jóvenes viven en su propia realidad, rara vez dejan de lado el esfuerzo de examinarlas lo suficiente como para ver claramente el estado de los demás. De esta manera, en lugar de ser implacables, básicamente son negligentes con lo que otros están pasando. Para decirlo claramente, en la remota posibilidad de que no los influya, no existe en su mundo. Entonces, una vez más, cuando un individuo realmente joven observa el dolor y el sufrimiento de los demás, lo ignora esencialmente por propensión. Dado que están adaptados para anteponer sus necesidades, no tienen tiempo ni energía para pensar en los requisitos y las batallas de los demás.

De nuevo, es menos sobre ser despiadado y más sobre ser esencialmente inconsciente de otras personas.

3. Menosprecian a otras personas para ganar poder

Otra característica normal de los individuos jóvenes es la de menospreciar a los demás para adquirir poder.

En general, este es un problema de baja confianza, en el que el individuo se siente incapaz de demostrar que es ventajoso y, por lo tanto, depende de sacar a relucir los problemas de los demás para verse mejor. Un clima típico donde esto sucede es en el ambiente de trabajo. Un trabajador que se siente inseguro será más hábil para discutir las deficiencias de los demás que para trabajar en su propia imagen. Esto puede ser solo un esfuerzo por adquirir un reconocimiento positivo; en todo caso, tal conducta puede igualmente ser utilizada para adquirir adelantos a expensas de otra persona.

No hace falta decir que menospreciar a otros para adquirir renombre o poder es un entrenamiento utilizado por individuos que son jóvenes también en el clima más acogedor del hogar. Independientemente de si se trata de menospreciar a un compañero de vida o a un hijo, tal conducta tiene la misma capacidad de ayudar a una persona inestable a tener una mejor perspectiva de sí misma. Generalmente, las cosas que condenan en los demás son atributos que tienen en la riqueza.

Por lo tanto, podrían estar bien preparados para quejarse de que nadie en ningún momento piensa en sus necesidades cuando simplemente decide, o que nadie piensa a menudo en cómo se sienten. Eventualmente, por regla general se proyectarán sus propias deficiencias en los demás, algo que genera un asombroso sentimiento de incongruencia y desesperación.

4. Rechazan las opiniones de los demás (se ponen a la defensiva)

Las personas emocionalmente jóvenes generalmente se encuentran entre las personas más cautelosas que jamás conocerás. Es excepcionalmente difícil tener una discusión significativa con ellos, ya que están bien preparados para descartar las perspectivas de los demás cuando esos sentimientos contrastan con los suyos. Esta es una ilustración más de una conducta que se puede encontrar en los dos individuos que experimentan poca valentía y los que se consideran genuinamente poco confiables. En lugar de tener la opción de comprometer el punto de vista de otra persona, siempre se debe creer que un individuo sinceramente joven es correcto. En consecuencia, siempre contendrán hasta que crean que han ganado la discusión, independientemente de si no hubo discusión en primer lugar.

5. Siempre anteponen sus necesidades (atrapados en el estado de niño pequeño)

Como se mencionó anteriormente, otro rasgo común de una persona emocionalmente inmadura es siempre anteponer sus necesidades. Esta es otra señal de que el individuo está emocionalmente atrapado en el estado de un niño pequeño. Así como un niño pequeño no puede ver más allá de sus deseos y necesidades, una persona emocionalmente inmadura tiene la misma visión de túnel. Nada más les importa además de encontrar constantemente placer y apaciguamiento. Esto se puede evidenciar en cosas tales como que un niño tenga zapatos desgastados mientras que sus padres tienen zapatos nuevos, o un niño que tenga poco más que un colchón para dormir mientras los padres tienen un televisor nuevo en su habitación.

En general, mientras que la mayoría de los padres sacrificarían su propia comodidad y felicidad para mantener a sus hijos, los emocionalmente inmaduros sacrificarán la felicidad y el bienestar de sus hijos para satisfacer primero sus propios deseos.

6. Son incapaces de comprometerse

Desde el principio, este atributo puede parecer un exceso a la característica de desestimar los puntos de vista de los demás. A fin de cuentas, para no estar preparado para el compromiso, debes ser reacio a pensar en las evaluaciones de los demás. No obstante, esa es solo una gran parte de la situación aquí. La otra mitad es la de un individuo genuinamente joven, que continuamente antepone sus necesidades. De esta manera, la impotencia de pensar dos veces antes de ser vista como un compuesto, él debería ser primero y el debería ser el correcto.

Esto da como resultado que el individuo juvenil se muestre reacio a moverse un centímetro, prefiriendo adoptar la mentalidad de ganar a lo grande o fracasar. Independientemente de si la evaluación o el deseo de la otra parte o reuniones está cerca de la del individuo sinceramente juvenil, no hace ninguna diferencia. Cualquier compensación es vista como una penitencia, y la penitencia es inconcebible para cualquier individuo que necesite un desarrollo apasionado.

7. Son indiferentes a los sentimientos de otras personas (me dominan)

Esto se relaciona con la ausencia de compasión de la que se habló anteriormente en esta parte. En cualquier caso, la falta de compasión normalmente puede atribuirse a una condición de ser negligente con los demás, aunque ser insensible a los sentimientos de los demás es otra cosa. Para esta situación, el individuo que es joven está totalmente consciente de los problemas entusiastas de los demás; pero deciden ponerse primero a pesar de todo. Si bien esto puede demostrar implacabilidad y, sorprendentemente, una propensión pervertida en ciertas ocasiones, en general, revela cuán segregado de la realidad está el individuo. Por regla general, la razón por la que una persona juvenil es insensible a los sentimientos de los demás es que está segura de que cuando está alegre, todo el mundo se alegrará. Por lo tanto, el mejor camino es buscar su propia felicidad, independientemente de cómo influya en los demás. Una persona genuinamente joven realmente confía en que si ellos están contentos y otros son miserables, es el problema de los demás por ser absurdos u obstinados, no al revés.

8. Tienen dificultad para hablar de sus sentimientos personales

Irónicamente, una de las indicaciones más conocidas de una juventud entusiasta en un individuo es su impotencia para discutir sus propios sentimientos. Se esperaría que lo contrario fuera válido, particularmente teniendo en cuenta cuán importantes son para ellos los sentimientos de un individuo que es realmente joven.

Sin embargo, en lugar de necesitar discutir sus sentimientos, deciden mantenerse alejados de tales discusiones, ya sea cambiando de tema o volviéndose sarcásticos tratando de restar importancia al significado del punto. Esto se traduce en una impotencia para establecer una asociación genuina con el individuo, lo que dificulta cambiar su punto de vista juvenil.

Posteriormente, esto puede verse como una especie de instrumento de salvaguardia, que protege al "joven" del mundo exterior.

Otra aclaración, sin embargo, es una pizca más de maldad en la naturaleza. Esto sugiere que el individuo genuinamente juvenil es, de una forma u otra, consciente de la forma en que no está actuando correctamente. En consecuencia, deciden mantenerse alejados de discusiones que puedan llevarlos a evaluar su mentalidad y percibir sus deficiencias. Como estas personas siempre deben estar en lo cierto, todo lo que pueda descubrir imperfecciones de carácter se considera intocable y, por lo tanto, se mantiene alejado a toda costa.

9. Evitan hablar del futuro

Algo que separa a los jóvenes de los adultos es su capacidad de estar completamente presentes en el momento. En general, esto es algo positivo, ya que le permite a un niño enfrentarse a la vida de arriba a abajo, algo que los adultos generalmente no pueden compartir. No obstante, el individuo normal crece fuera de esta capacidad a medida que se vuelven más conscientes a lo largo de la vida cotidiana.

Cosas como encontrar una nueva área de trabajo, buscar un hogar y, sorprendentemente, buscar un cómplice en la vida hacen que la persona normal invierta una tonelada de tiempo y energía pensando en lo que está por venir. Dado que los individuos genuinamente jóvenes evitan la responsabilidad, se quedan cortos ante la necesidad de contemplar lo que está por venir. Por lo tanto, normalmente se mantendrán alejados de cualquier discusión que requiera hacer arreglos, pensar en los resultados o algún otro componente que se identifique con el futuro.

. . .

10. Se aferran al pasado

Desafortunadamente, aunque los individuos jóvenes son reacios a enfrentar el futuro, son igualmente reacios a renunciar al pasado. Esto es particularmente evidente con respecto a tener sentimientos de resentimiento. Suponiendo que un individuo genuinamente juvenil sienta que ha sido violado, se aferrará a ese sentimiento para siempre. Independientemente de lo que haga el otro individuo para arreglar las cosas, nunca será excusado por completo. Una justificación para esto es que los individuos genuinamente jóvenes no pueden renunciar a sus propios encuentros horribles, sin importar cuán insignificantes o hechos a sí mismos puedan ser. Por lo tanto, en caso de que en algún momento hieras sus sentimientos, incluso de la manera más pequeña, serás apartado de por vida.

Otra razón detrás de por qué un individuo genuinamente juvenil se aferrará al pasado es por la influencia.

Levantarán cualquier descuido o mala conducta anterior para adquirir un control apasionado sobre otra persona, utilizando la culpabilidad y el lamento para controlarlos. Este es el establecimiento sobre el que se fabrica el maltrato psicológico. Sea como sea, el equivalente no tiene ninguna relación significativa con el singular real. En lugar de aferrarse a sus propios descuidos y deficiencias anteriores, renovarán la historia, haciendo una cuenta donde estaban en lo correcto, y cualquier otra persona no lo estaba. derecho. Esta es una ilustración más de cuán separado de la realidad está realmente un individuo genuinamente joven.

2

Diferentes Tipos De Padres Emocionalmente Inmaduros

Descubrir que eres el resultado de padres juveniles puede ser algo difícil de reconocer, particularmente cuando consideras las ramificaciones que tal revelación puede tener en tu vida. Lo más probable es que seas el sobreviviente de una juventud arrebatada, habiendo sido obligado a crecer mucho antes de lo que mucha gente necesita y, en consecuencia, negándote la diversión y la inocencia que deberían caracterizar tus años de juventud. Mucho más terrible, un gran número de las heridas hechas porque genuinamente tus jóvenes padres procedieron con agonía y experiencia incluso en la edad adulta, haciendo que parezca que el daño que tus padres te causaron es de una forma u otra cierta. Afortunadamente, la revelación de que tus padres son realmente jóvenes es la fase inicial en el sistema de recuperación. Esta progresión te ayuda a comprender que tus batallas entusiastas no son realmente tu culpa.

El siguiente paso en el sistema de reparación es decidir exactamente qué tipo de juventud apasionada comunicaron tus padres.

Del mismo modo que un individuo puede encontrar varios tipos de sentimientos, también puede mostrar varios tipos de entusiasmo juvenil. Estos diversos tipos pueden separarse en cuatro grupos principales, cada uno de los cuales tiene un tipo extraordinario de conducta relacionado con él. Algunos padres pueden ser más manipuladores, aunque otros pueden estar más ausentes de la vida de sus hijos. Por otro lado, algunos padres pueden mostrarse incrédulos con sus hijos, creando una sensación de no ser suficientes que los acabe toda la vida. Al comprender mejor el tipo de padres genuinamente juveniles que tienes, es más probable que puedas comprender el efecto que tienen en la prosperidad sorprendentemente real. Este tipo fundamental de padres, junto con la idea de la relación que tienen con sus hijos. Además, retratará una parte de los impactos más normales que esas conexiones tienen en la vida del joven, incluso como adulto. Los cuatro tipos más normales de padres son el mentalmente apasionado, motivado, entre otros, te introduciremos los cuatro de la siguiente manera:

1. **Padres emocionales**

Los padres emocionales son las personas que exhiben su estado entusiasta casi sin ningún tipo de control. Esto implica que pueden mostrar de todo, desde una furia escandalosa hasta una angustia escandalosa, y desde una miseria escandalosa hasta una euforia escandalosa. Desde el principio, comunicar una euforia escandalosa puede no parecer algo tan terrible, sin embargo, en este entorno solo se suma al desorden y la vulnerabilidad del clima entusiasta, haciendo que el joven se sienta excepcionalmente inestable. Sin embargo, son otros sentimientos los que son de especial preocupación, ya que son peligrosos incluso en circunstancias increíbles.

Cuando un padre emocional siente rabia, puede liberar su rabia sin previo aviso, entrando en accesos violentos de gritos, rompimiento de objetos e incluso golpes a personas. Obviamente, ninguna de estas situaciones es sólida para nadie, sobre todo para un niño pequeño que es indefenso y no está preparado para entender realmente lo que está viendo. Debido al maltrato real, un padre apasionado puede atacar a un niño cada vez que ese niño hace algo que se pensó estuvo fuera de lugar. Lo que agrava este maltrato es que el padre aclara por qué el niño es responsable de volverlo loco de todos modos.

Posteriormente, no sólo el niño experimenta los efectos nocivos de la agravación de haber sido realmente mal manejados, pero también experimentan los efectos nocivos de la agravación de la responsabilidad, sintiendo que toda la experiencia es su problema. Cualquier persona que pase por este tipo de infancia tendrá profundas cicatrices entusiastas. Muchos lucharán con eso. En consecuencia, considerando cualquier sensación de ultraje peligrosa y deshonrosa, mucho más terrible, muchos se oponen a tener sus propios grupos porque están ansiosos por la posibilidad de que puedan volverse como sus padres apasionados e influyan en las travesuras de sus propios hijos.

La mayoría de las veces, los padres entusiastas no son realmente dañinos. Esto no implica que sus actividades sean menos dañinas para sus hijos. A pesar de lo que generalmente se espera, las lesiones del maltrato psicológico pueden causar tormento mucho tiempo después, el tormento de la lesión real se ha convertido en historia antigua.

El hecho de que los padres muestren una miseria o un desánimo escandaloso puede influir profundamente en un niño, ya que a menudo se sienten responsables de esos estados de ánimo. Un tipo típico de esto es el punto en el que un padre se vuelve irracionalmente trágico por sus sentimientos. Toman la conducta de un joven y le hacen saber a ese chico que tiene la culpa. Obviamente, los niños harán declaraciones que nunca harían como adultos. Cualquier buen padre permitirá que tales eventos se deslicen, considerando que es una parte del sistema en desarrollo. Trágicamente, los padres entusiastas pensarán en tales ocasiones literalmente, reaccionando de la manera en que lo harían si supusieran que era un adulto en lugar de su hijo pequeño quien estaba actuando. Esto hace que el niño sienta un profundo lamento y culpabilidad, cosas que ningún niño debería sentir en ningún momento. Suponiendo que estas circunstancias ocurran constantemente, pueden sabotear por completo el valor de la autoestima de un niño, causando problemas importantes a lo largo de su vida adulta.

· · ·

Tal vez el mayor impacto que tienen los padres apasionados en sus hijos es la sensación de nerviosismo que proviene de un clima entusiasta excepcionalmente cargado. Cada vez que un niño teme molestar a sus padres, puede sentir que siempre camina con ligereza. En lugar de tener la opción de apreciar la vida e investigar su propio ser, los hijos de este tipo de padres están en un estado de cautela constante, observando cada una de sus palabras y actividades por si pueden hacer que sus padres piensen en algo irrelevante. Este estado interminable de autoexamen puede hacer que una persona se muestre renuente durante toda su vida. Pueden volverse ambivalentes, temiendo todos los resultados desafortunados imaginables de cualquier movimiento que hagan.

Además, pueden sentirse realmente responsables de la felicidad de las personas que los rodean, como si solo ellos decidieran cómo se sienten y piensan las demás personas en un momento dado.

2. **Padres motivados**

. . .

Los padres motivados son mucho menos inusuales y temperamentales que los padres apasionados. No obstante, el efecto que tienen sobre sus crías no puede ser menos grave y desgarrador. Generalmente, los padres en esta clasificación son excepcionalmente ansiosos con vocaciones competentes en campos como la medicina, la ley e incluso asuntos gubernamentales. Si bien no hay duda de que impartir deseo y un sentimiento de dirección en un joven es algo decente y sólido, estos padres lo llevan a un nivel que pulveriza a una psique juvenil. Para decirlo claramente, los padres decididos son los alborotadores que nunca permiten que sus jóvenes sean algo más que jóvenes adultos en los que se confía para ser mejores en comparación con el resto.

Un niño que crece con padres motivados es uno al que se le negará su adolescencia sin duda alguna. En lugar de tener la opción de jugar como otros niños: dar vueltas, hacer ruido, moverse en el suelo y, en general, ser alegres y juveniles, deben comportarse como si fueran adultos en el cuerpo de un niño.

. . .

Por lo general, sus padres los restringirán para hacer una tonelada de conmoción, dentro o incluso afuera, y no se les permitirá ensuciarse como un niño normal.

Más lamentable aún, se confiará en ellos para que realmente se concentren en sus juguetes como si fueran padres del centro histórico que realmente se enfocan en antigüedades antiguas y valiosas. Mientras que otros niños pueden golpear sus juguetes, chocar vehículos y perder partes de figuras de acción, estos jóvenes serán condenados si sus juguetes pierden su apariencia y olor "apenas fuera del estuche". De hecho, a algunos niños incluso se les restringirá sacar sus juguetes de la caja, ya que eso solo provocaría que se desgasten, dañen o pierdan.

Este sentimiento de suposición va mucho más allá de la vestimenta, la conducta y los juguetes. Los padres motivados solo esperarán las calificaciones más notables de sus hijos en cada materia que revisen. Independientemente de la forma en que una pequeña parte de la población sea normalmente apta para obtener las mejores calificaciones en cada área, la descendencia de padres motivados se mantendrá fiel a esta norma.

. . .

Además, su conducta en la escuela debe ser excelente. En general, ni siquiera es suficiente que el joven sea educado y no pase desapercibido. En igualdad de condiciones, se espera que sea poco común que los maestros comenten sobre su conducta ideal, cargando elogios más para los papás que para los propios niños.

Desafortunadamente independientemente del entusiasmo que pueda tener un joven, como regla general, no dará en el blanco con respecto a las suposiciones establecidas por sus padres determinados.

La batalla constante por la perfección, combinada con nunca ser adecuado a los ojos de sus padres, generalmente hará que el niño esté nervioso durante toda su vida adulta, sintiéndose continuamente deficiente por no ser el más increíble. Estas personas son siempre implacables consigo mismas, siendo profundamente auto básicas cada vez que pierden el blanco de la absoluta perfección. Ellos siempre sentirán que podrían y deberían haber mejorado, y nunca serán felices consigo mismos de la misma manera que sus padres nunca lo fueron.

. . .

A veces, esto puede convertir a una persona en alguien excepcionalmente reprochable con los demás, rastreando el problema en la más mínima de las sutilezas. Tal análisis puede causar un daño genuino a las amistades e incluso a las conexiones de naturaleza más privada. Sin embargo, la mayoría de los hijos de padres impulsivos por lo general sufren de la sensación de que nunca cumplirán con las expectativas de los demás, lo que hace que establezcan pocas relaciones personales cercanas, si es que las tienen. Aparte de eso, normalmente estarán inquietos, sin permitirse nunca relajarse y pasar un buen rato. Esto puede impedirles participar en sus vidas de una manera genuina y significativa, y en consecuencia negarles la satisfacción que realmente merecen.

3. **Padres pasivos**

El tercer tipo de padre joven es el del padre distante o pasivo.

Estos son los padres que están disponibles en el cuerpo, aunque aparentemente siempre faltan en el alma.

Rara vez muestran sentimientos de cualquier tipo,

buenos o negativos, prestando poca atención a las circunstancias.

Si bien esto puede considerarse innegablemente menos horrible que los sentimientos tiránicos de los padres entusiastas, en cualquier caso puede causar mucho daño.

La mayoría de los descendientes de padres distantes generalmente se sentirán indeseables y solos. Esto se debe a que sus padres no les brindaron el apoyo básico y el amor que necesitaban en su momento generalmente indefenso y persuasivo. No es necesariamente el caso de que los padres no aprecien a sus hijos por cualquier explicación vil, sino que generalmente es el efecto secundario de que los padres están moderadamente desequipados para sentir el amor de una manera genuina y significativa. Ya que no pueden sentir la profundidad misma del sentimiento que los individuos genuinamente sanos sienten que parecen no estar involucrados y segregados en su conducta. Cualquier adulto tendría la opción de anotar esa distancia como una peculiaridad. No obstante, el joven normal puede pensar en ello literalmente, haciéndolos sentir indeseables y no amados.

. . .

En su mayor parte, los padres distantes no son padres terribles, que desestiman las necesidades cotidianas de sus hijos o los tratan mal de manera genuina, interna o en cualquier caso. En igualdad de condiciones, simplemente se niegan a proporcionar a sus hijos un sentimiento genuino de calidez y consuelo apasionados. Si bien no imparten temor o debilidad, tampoco inculcan amor o felicidad.

En los padres activos, nunca se establece una conexión cercana y entusiasta con sus hijos que haga que ellos sientan que tienen un lugar en su hogar y familia. En igualdad de condiciones, los padres no involucrados existen junto con sus hijos, considerándolos simplemente otros en sus vidas, como minúsculos planos, que solo reconocen con un simple "hola" y tal vez una sonrisa.

Esto no solo podría hacer que la falta de asociación haga que un niño no se sienta a gusto, sino que también puede servir para impedir el desarrollo apasionado del niño, afectando su capacidad para tener conexiones significativas como adulto.

· · ·

Justo cuando un niño encuentre sentimientos, podría comenzar a investigar y fomentar esos sentimientos. Cuando se quedan cortos en la colaboración esencial para esa interacción, su desarrollo entusiasta puede terminar incluso antes de que comience. Más terrible aún, ya que la mayoría de los niños ven a sus padres como guías a seguir, los hijos de padres no involucrados pueden sofocar sus sentimientos, considerándolos absurdos o inmateriales. Esto puede hacer que no tengan la capacidad de enamorarse perdidamente y comenzar su propia familia más adelante. Por otra parte, suponiendo que formen una familia, es probable que se parezca a la de su adolescencia, una que carezca de asociación apasionada y profundidad, por lo que hará que su pareja y sus hijos se sientan rechazados y solos.

4. **Padres que rechazan**

Finalmente, están los padres que rechazan. Estos pueden ser el tipo de padres más lamentables, por así decirlo, igualando a los padres apasionados en el maltrato y las travesuras que causan.

. . .

Mientras que los padres apasionados pueden mostrar una conducta tanto positiva como mala, los padres rechazadores son exclusivamente de naturaleza negativa. Esto provoca problemas importantes para cualquier niño que es criado por tales personas, lo que provoca lesiones pasionales que pueden provocar conductas desafiantes e incluso delitos. No hace falta decir que cualquier hijo de padres que lo rechazan tiene un largo camino hacia la recuperación por delante.

Uno de los atributos más conocidos de los padres que rechazan es la propensión a corromper a sus hijos. Esto ocurre con frecuencia al llamar a sus hijos cosas como "imbécil", "espantoso", "gordo" o cualquier otra palabra que avergüence y deshonre a su hijo. Si bien muchos padres pueden utilizar ese lenguaje de vez en cuando en broma, los padres despedidos utilizarán dichos términos de manera constante, por lo tanto, programarán al niño para que acepte que es realmente idiota, repugnante y, en general, desafortunado. En general, estos jóvenes crecen básicamente sin confianza, sintiendo que no aportan nada al mundo. En casos escandalosos, esta falta de confianza puede aparecer como odio a sí mismo, lo que lleva a un individuo a desdeñar en un sentido real todo sobre sí mismo. Estas personas pueden caer en comportamientos autodestructivos, como dañarse físicamente o destruir relaciones que de otro modo serían felices y satisfactorias.

Otra forma en que los padres rechazadores pueden mostrar su antagonismo es colocar las necesidades de sus hijos en último lugar. Dichos padres siempre expresarán cosas como "No en este momento" o "Deja de molestarme" cuando su hijo acuda a ellos en busca de ayuda, consuelo o simplemente amistad. Si bien esto puede no parecer tan destructivo como llamar a un joven idiota o repugnante, en realidad es similar a dañar la mente de un niño. El resultado final es que el joven se siente indeseable y desagradable, de la misma manera que lo haría con padres independientes. Lo que agrava esta situación es que los hijos de este tipo de padres perciben que sus padres consideran otras cosas más importantes que el niño. Por ejemplo, el padre puede pedirle a su hijo que deje de molestarlo mientras mira la televisión. Esto hará que el niño perciba que son menos críticos con sus padres que los personajes anecdóticos de un programa de televisión. Esta inclinación puede provocar una amplia gama de problemas en el futuro.

Una forma en que los hijos de los padres que rechazan reaccionan al sentirse indeseables es rebelarse. Desde el principio, pueden continuar actuando de manera traviesa en cualquier capacidad que puedan imaginar. Los incidentes destructivos, el salvajismo y la conducta reservada son comunes entre los hijos de los padres que rechazan. Si bien la rebelión por sí sola es esencial para la justificación de esta conducta, otra explicación es sobresalir lo suficiente como para que se note que suspiran.

Dado que la conducta típica se niega a que los vean, recurren a la conducta extraña.

Esto no significa que el niño sea esencialmente dado a la maldad o el crimen, sino que implica que están tan alejados de la consideración y el cariño que harán casi cualquier cosa para conseguirlo, independientemente de si les provoca una mala consideración.

. . .

Otro resultado es que los hijos de los padres que rechazan se inclinarán hacia cualquier consideración que se les dé, prestando poca atención a de quién proviene. Esto los hace excepcionalmente impotentes frente a los cazadores que podrían explotarlos, tanto en su juventud como en su vida adulta.

Numerosos descendientes de padres que rechazan terminarán con compañeros de vida dañinos. A pesar de que puedan aguantar a causa del maltrato, nunca dejarán la relación, esperando que siempre se separen de los demás como supusieron que lo hicieron. En este sentido, soportarán los malos tratos más ridículamente horribles, suponiendo que eso signifique que se destacan lo suficiente como para ser notados, sin importar si se trata de una consideración de algún tipo inaceptable. Además, su falta de confianza les hace sentir que esa relación es la principal que merecen, por lo que saben que tal vez es todo lo que pueden confiar.

3

Las Consecuencias De Crecer Con Padres Emocionalmente Inmaduros

La importancia de los años de juventud de un individuo no podría ser más significativa. Es durante esos primeros años que un individuo fomenta su carácter, prácticas, convicciones y habilidades de relacionarse. Cuando una persona es criada en un clima cariñoso y afectuoso, se le permite la mejor oportunidad para crear de una manera sólida y positiva. Pueden hacer y mantenerse al día con conexiones sólidas y adoradoras, tienen confianza y seguridad en sus capacidades, y tienen una sólida apreciación para siempre, y todo lo que la vida necesita para ofrecer.

Desafortunadamente, cuando un individuo crece con padres juveniles, su avance es innegablemente más negativo y fructífero. Tales personas luchan por fomentar conexiones sólidas y amorosas que van más allá, y a menudo se vuelven solitarios o son detenidos por conexiones inútiles y opresivas. Además, se quedan cortos en la valentía que hace una adolescencia sana.

Eventualmente, los resultados de crecer con padres genuinamente juveniles pueden ser duraderos, afectando a una persona mucho después de haber dejado los límites de su hogar de la adolescencia.

En esta sección investigarás ocho de los tipos de personajes más ampliamente reconocidos que surgen por haber sido criados por padres realmente jóvenes. Caracterizará el tipo de personaje, destacando ocasiones y condiciones potenciales que pueden hacer una interpretación individual de ese tipo específico. También aclarará cómo estos tipos de personajes actúan como una especie de instrumento de guardia con el que hacer frente a la agravación de una infancia horrible. Finalmente, descubrirás los riesgos potenciales innatos dentro de cada tipo, particularmente en lo que respecta al sonido de encuadre y las conexiones duraderas. Los ocho tipos de personajes normales relacionados con niños criados por padres verdaderamente jóvenes son los siguientes:

1. El solitario (inconformista)

Quizás el tipo de carácter más reconocido de todos los relacionados con individuos criados por padres juveniles es el del solitario. Los solitarios son las personas que se segregan de la sociedad, eligiendo una existencia de aislamiento sin apenas conexiones críticas. Estas personas a menudo tienden a desanimarse cuando se quedan cortas en la conexión social que puede ayudar a una persona a mantenerse animada, positiva y lista para los negocios. Posteriormente, el placer y el amor que les fue negado cuando eran niños también faltan en su vida adulta.

La mayoría de las personas antisociales provienen de padres que eran distantes por naturaleza. Tal como se ha examinado actualmente, estos padres muestran casi cero sentimientos hacia sus hijos. En consecuencia, sus jóvenes luchan con los sentimientos y muestran sentimientos en algún momento del camino. Además, aquellos criados por padres latentes probablemente se sientan segregados de la gente por regla general, razón por la cual eligen una existencia de confinamiento. No se trata de que rechacen a la sociedad, ni siquiera de que tengan miedo de tener relaciones. Más bien, es que se familiarizaron con estar separados de los demás. Posteriormente no quieren tener a otros en su vida.

El principal resultado buscado por los solitarios es el desamparo. Independientemente de cuán libre sea un individuo, la verdad del asunto es que necesita a otros en su vida para prosperar. Por lo tanto, el abatimiento e incluso la melancolía son típicos entre los individuos que buscan una existencia de aislamiento. Otro resultado de estar desconectado es el nerviosismo social. Esto generalmente ocurre cuando un solitario se ve obligado a interactuar con otras personas, como en la escuela, el trabajo o en un entorno social donde interactúan numerosas personas. Si bien pueden fomentar la audacia suficiente para enfrentar esta tensión cuando sea fundamental, por lo general se mantendrán alejados de cualquier circunstancia esperando que se comuniquen con los demás más temprano que tarde. La ansiedad social puede ocurrir incluso en los escenarios más mundanos, como ir de compras al supermercado, comer en un restaurante o cualquier otra situación que encuentre a un solitario en un entorno más concurrido.

2. El perfeccionista

La mayoría de las veces, los perfeccionistas son personas que fueron criadas por padres motivados.

En lugar de ser valorados por lo que eran cuando eran niños, estos sufrieron el daño de ser reprendidos continuamente por sus padres, siempre perdiendo la marca con respecto a estándares incomprensiblemente elevados. Una vez fuera de la casa, estas personas generalmente transmitirán las voces de sus padres en sus cerebros para el resto de sus vidas. Cada vez que intentan lograr algo, escucharán a cualquiera de sus padres haciéndoles saber cómo podrían haber mejorado, o haber sido más rápidos o haber buscado un objetivo más ventajoso. A pesar de que sus padres pueden ser un recuerdo lejano, sus voces seguirán atormentando sus cerebros por el resto de sus vidas.

Un síntoma típico de este tipo de padres es el avance del odio hacia uno mismo. Considerándolo todo, es difícil ver el valor en uno mismo cuando continuamente se le caracteriza como insatisfactorio o incluso como una decepción. A la larga, ese análisis brutal se disfraza, generando poca confianza y, al mismo tiempo, odio hacia uno mismo. En menor escala, la mayoría de los rigurosos son básicamente demasiado severos consigo mismos y nunca se contentan con su presentación o con sus vidas en general. Esto puede hacer que pasen sus vidas tratando de lograr un objetivo que nadie puede alcanzar: la perfección.

Además de ser demasiado implacables consigo mismos, los perfeccionistas también pueden condenar excesivamente a los demás.

Esto puede ser un problema principal con respecto a la creación de grandes conexiones racionales, ya que su análisis constante puede parecer negativo y resentido para otras personas. Curiosamente, no todos los rigurosos consideran que su análisis sea negativo. A fin de cuentas, lo distinguen como una indicación paternal de amistad. En este sentido, cuando los demás se desconciertan con las constantes críticas, el alborotador puede sentirse mal juzgado. A fin de cuentas, para ellos, simplemente estaban tratando de sacar lo más increíble de la otra persona, de la manera en que cualquier padre o compañero cariñoso debería hacerlo.

3. La mariposa social

. . .

Las mariposas sociales son un tipo de carácter que puede ser difícil de identificar desde el principio. La mayoría de las veces, estas personas parecen estar muy contentas y amistosas; por lo tanto, es difícil considerarlos como el resultado de una infancia inútil. La indicación de que un individuo es una persona sociable viene de no estar equipado para formar conexiones estrechas, que sean confiables. De esta forma, los principales individuos que encuentran que un individuo es una persona extrovertida son aquellos que intentan acercarse a ellos de manera genuina y crítica.

Las personas que se ajustan a la clasificación extrovertida suelen ser las personas que tuvieron una juventud sinceramente obstaculizada. Esto puede ser la consecuencia de haber sido criado por padres latentes que descuidaron dar una asociación profunda y significativa en un nivel entusiasta.

A pesar de eso, una condición pasional impedida puede ser igualmente el efecto secundario de un niño criado por padres desaparecidos. Una ausencia general de amor profundo y reconocimiento puede hacer que una persona siempre sea incapaz de comprometerse demasiado con otra persona. En lo que respecta a algunos, esto se debe al temor de ser despedidos más adelante; así, dejan una relación cuando todo es todavía alegre y bueno. Por otro lado, puede ser esencialmente el fracaso de un individuo para encontrar conexiones profundas y apasionadas, ya que nunca las desarrolló cuando era niño.

Si bien los extrovertidos pueden llevar vidas útiles y aparentemente ordinarias, siempre experimentarán el agravante de no tener nunca una relación duradera y significativa que adquiera satisfacción y razón para sus vidas. Sin embargo, no es necesariamente el caso de que no hagan un esfuerzo superficial. Numerosos extrovertidos superan la presunción y realmente se enganchan, pero tales relaciones rara vez duran, terminando por separado cuando es la mejor oportunidad para que la persona sociable despegue hacia su próximo encuentro.

4. El empático

Los empáticos son una variedad rara, a menudo provienen de una infancia llena de tormento, abuso y otros males graves. Por regla general, los empáticos son la posteridad de los padres apasionados, los individuos que desarrollaron un clima depresivo, excéntrico y molesto. Independientemente de si estos padres eran genuinamente dañinos o simplemente sinceramente opresivos, la verdad básica es que sus hijos pasaron sus años más débiles experimentando temor, desorden y agonía.

Es esta irritación la que generalmente lleva a un individuo a convertirse en un empático en primer lugar.

Lo que separa a los empáticos de los individuos estándar es su capacidad intrínseca para asociarse con la irritación y el sufrimiento de otra persona. Si bien muchos podrían considerar que esto es un tipo de superpoder, la aburrida verdad es que tiende a ser el resultado de que un individuo haya experimentado una agonía extrema y experimente en su propia vida.

Justo cuando un individuo se da cuenta del tormento, sería capaz de identificarse con el agravamiento de los demás. Esta capacidad de sentir la irritación de los demás puede hacer que un empático ignore sus propias necesidades para satisfacer las necesidades de otra persona, ayudándolos posteriormente a sobrevivir o incluso a abstenerse de la agonía y la experiencia en cualquier caso. Por lo tanto, los empáticos suelen ser cariñosos, con frecuencia con el propósito de ponerse en peligro, ya sea por desprecio por sí mismos o por asumir más de lo que pueden hacer tratando de ayudar a tantas personas como puedan.

Los empáticos son generalmente excepcionalmente respetables por naturaleza, luchando por causas compasivas y demás en cualquier punto que puedan. Esta honorabilidad está en el corazón real de su propio carácter empático. Por regla general, un individuo se convierte en un empático tratando de liberar el universo de la agravación y lo duradero que encontraron cuando eran jóvenes.

Se pasan la vida tratando de ser algo contrario a los padres que les causaron tal daño, por lo que se convierten en la solución de la agonía y el aguante en lugar de la razón. Trágicamente, este trabajo de ser algo contrario a sus padres puede quemarlos, provocando una existencia diaria que pasan huyendo del pasado y nunca labrando un futuro para ellos mismos. A pesar de que sus esfuerzos son de naturaleza positiva y, por lo general, seguros en el resultado, la mayoría de los empáticos soportan el abatimiento, la miseria y otras batallas emocionales y mentales debido a su constante apertura a la irritación y el sufrimiento de quienes los rodean.

5. El culpable

Un tipo de carácter comparable al empático es el del culpable. Lamentablemente, este tipo pone un giro profundamente negativo en el esfuerzo por aliviar el dolor y el sufrimiento de los demás. En lugar de tratar básicamente de sobrevivir y prevenir el tormento, los culpables realmente asumen la responsabilidad por el sufrimiento de los demás. Sienten que el tormento y el aguante es su problema; en este sentido, consumen todo su tiempo en la tierra intentando satisfacer a los demás como una especie de compensación para ofrecer reparación por su culpa.

Los niños que crecen para ser culpables pueden haber sido criados por padres rechazados, padres motivados o padres apasionados. Los criados por padres rechazados, pueden seguir su responsabilidad debido a la baja confianza hecha por el constante rechazo, degradación y vergüenza ensayado por sus padres.

Una confianza tan baja puede hacer que un individuo sienta que influye desfavorablemente en la existencia de los demás simplemente por estar disponible. Una consecuencia común es que se sienten responsables del dolor y el sufrimiento de los demás, incluso cuando claramente no están conectados con ese dolor y sufrimiento de ninguna manera o forma.

Los criados por padres impulsivos pueden seguir su responsabilidad con el perjuicio de nunca ser vistos como suficientes. La constante percepción de no dar en el blanco con respecto a las suposiciones puede hacer que una persona sienta que son un error para todos, y que la irritación y el sufrimiento de los demás se deben de una forma u otra a sus deficiencias. Pasarán sus rutinas diarias tratando de consumir la existencia de los demás en cualquier capacidad que puedan, prescindiendo así del tormento y el sufrimiento.

La mayoría de las veces, los culpables son el resultado de padres apasionados. A fin de cuentas, es una cualidad generalmente esperada de los padres apasionados culpar a sus hijos de su indignación, miseria o angustia, haciendo que ese niño se sienta responsable del dolor y la paciencia de todos en su vida.

Por lo tanto, un hijo de padres emocionales se culpará a sí mismo cada vez que alguien más se enoje, se moleste o se deprima, incluso cuando no haya una razón lógica para hacerlo. Simplemente sienten que independientemente de si causan el agravante, no hicieron lo necesario para evitarlo.

Los culpables están obligados a continuar con una existencia cotidiana caracterizada por la culpabilidad y el temor, invirtiendo continuamente su tiempo y energía en intentar ofrecer una solución para las cosas que no son su defecto. Los otros en su vida pueden no ser de naturaleza opresiva, pero eso no impedirá que el responsable responda de la misma manera que lo hizo cuando era joven cuando sus padres los culparon por todo lo que salió mal. Trágicamente, esta actitud a menudo hará que una persona busque una relación opresiva que le permita actuar de la manera que sabe, en un trabajo siempre responsable y obediente. Sorprendentemente, lo que es más terrible, se culparán a sí mismos cuando las cosas salgan mal en su propia vida, en lugar de permitirse percibir el papel que los demás y los eventos juegan en el resultado de la vida de una persona.

6. El vampiro

La expresión "vampiro" se puede utilizar para representar algunos tipos de personajes distintivos. Desde una perspectiva, puede mostrar a un individuo que drena la vida de los demás, agotando continuamente a otros de su energía entusiasta, mental y real.

Pueden ser menos costosos, o esencialmente pueden tener un ritmo acelerado mientras otros luchan por mantenerse al día. Sin embargo, nunca ponen energía en sus conexiones. En igualdad de condiciones, continuamente toma energía, similar a un vampiro que vacía la sangre de su víctima.

Para esta situación, en todo caso, se utiliza la expresión "vampiro" para proponer que una persona se muestra prácticamente dormida en cuanto a sus sentimientos.

Al no estar vivos ni estar genuinamente muertos, tales individuos son lo que podría compararse con los no-muertos, que hablan con sinceridad. Obviamente, los vampiros normalmente pueden seguir sus características desapasionadas hasta su infancia, que por regla general llegó debido a padres no involucrados. La ausencia de avances entusiastas durante los años de juventud de un individuo a menudo da lugar a una vida adulta genuinamente apática. Ni alegre ni trágico, el vampiro existe básicamente en un estado sinceramente inerte.

Los vampiros pueden llevar vidas genuinamente ordinarias, manteniendo buenas posiciones y siendo una ventaja para la sociedad en general. El problema principal proviene de su capacidad para entablar lazos entusiastas y convincentes con los demás. Numerosos vampiros deciden continuar con una existencia de aislamiento, aunque no por temor o repugnancia hacia los demás, como en el caso de los inconformistas. Por otra parte, los vampiros pueden entablar asociaciones con diferentes vampiros, provocando un matrimonio genuinamente aburrido que se asemeja a la relación de compañeros de piso en lugar de amantes.

. . .

7. El pensador irracional

Las mentes maestras irracionales son a menudo la consecuencia de un niño criado por padres apasionados.

A diferencia de los culpables o los empáticos, en lugar de dedicar su vida a mantenerse alejados del tumulto personal de los suyos, sostienen el ciclo, pulverizando entusiastamente a los demás en su vida. Las mentes maestras tontas son las personas que imitan a sus padres apasionados, criticándolos regularmente por su inestabilidad entusiasta.

No hace falta decir que los eruditos sin sentido no son difíciles de reconocer por ningún tramo de la imaginación. Son los que ven hasta la más pequeña de las dificultades como fantásticas debacles. Conocidos como catastrofistas, las mentes maestras tontas intensificarán cualquier pequeño problema hasta convertirlo en una calamidad virtual. Si las tazas y los platos no combinan en la fiesta, la fiesta se arruina. O, por otro lado, si el pavo está un poco seco, el Día de Acción de Gracias se destruye. Para decirlo claramente, los genios sin sentido buscarán cualquier razón para convertir una circunstancia generalmente convencional o algo no tan grande en una catástrofe absoluta, una en la que se enfurecen, culpando a todos por su propio sufrimiento.

Otra característica normal entre los eruditos tontos es limitar las cualidades positivas de los demás, centrándose en concentrarse en sus problemas y deficiencias. A diferencia del riguroso que se centra en las imperfecciones de un individuo para su desarrollo, los eruditos sin sentido se centran en ellas para corromper al otro individuo. Para ellos, es ganar a lo grande o fracasar, ser impecable o una decepción despreciable. Ya que ningún individuo, cosa o experiencia puede ser increíble en cualquier momento, el erudito tonto tiene una cantidad ilimitada de motivaciones para volverse loco, tristeza o cualquier otro sentimiento negativo que elija.

Esto en la neurosis corporativa, donde llegan a aceptar que los demás en su vida están efectivamente tratando de atraparlos, demoliendo su vida por una demostración sin importancia a la vez.

8. El represor

. . .

Finalmente, están los represores. Son individuos que deciden reprimir sus sentimientos, tanto los grandes como los terribles, ya que no tienen idea de cómo comunicarlos de manera sólida y útil. Generalmente, los represores son descendientes de padres entusiastas. Esto tiene sentido ya que, a diferencia de la descendencia de padres independientes, realmente tienen sentimientos apremiantes. Trágicamente, su experiencia de juventud les mostró los riesgos de tales sentimientos apremiantes, en particular los de indignación, desdén y pavor. Sea como sea, para nada como mentes maestras tontas, los represores están completamente decididos a no volverse como sus padres opresores que hicieron travesuras indecibles y terminaron durante ellos.

Una naturaleza normal de los represores es la inclinación a reprimir sentimientos negativos como la indignación. En lugar de entrar en una discusión o expresar su decepción por un asunto, los represores se mostrarán extrañamente pacíficos cuando se enfrenten a sentimientos negativos. Esto se debe a que están aprensivos y no tendrán la opción de controlarse a sí mismos suponiendo que permitan que se comuniquen sus sentimientos.

. . .

De esta manera, se vuelven callados y reservados sin importar el tiempo que la energía negativa continúe. Al final, saldrán de su "funk", colaborando con la gente de manera típica y sólida una vez más, pero justo cuando su disgusto y furia se hayan disipado por completo.

De inmediato, esto puede no parecer un método terrible para adaptarse a ser criado por padres genuinamente opresivos.

Trágicamente, la apariencia inactiva de este tipo de personaje oculta un trasfondo horrendo, uno que a menudo causa al represor una agonía increíblemente entusiasta y sorprendentemente real. La pura verdad es que cuando un individuo reprime o sofoca los sentimientos adversos, esos sentimientos se vuelven internos, lo que hace que el individuo se enoje consigo mismo. Esta indignación puede provocar cosas tales como miseria, demostraciones de autolesión o incluso contemplaciones autodestructivas en casos más escandalosos. Incluso cuando la represión emocional no produce consecuencias emocionales y psicológicas tan graves, puede causar problemas físicos, como úlceras, presión arterial alta e incluso un riesgo elevado de accidente cerebrovascular. Eventualmente, al no transmitir sus sentimientos opuestos y la tensión que generan esos sentimientos, los represores se transforman en una bomba retardada de energía reprimida y tormento que se retiene para detonar o, en cualquier caso, quemarse por completo desde adentro hacia afuera.

4

Pensamientos "Si" Comunes Y Cómo Cambiarlos A Través Del Amor Propio

La mayoría de las personas cometen el error muy normal de aceptar que su alegría depende absolutamente de sus condiciones. Por lo tanto, fomentan una perspectiva que pone el foco en lo que se conoce como contemplaciones "si". Son las consideraciones que dicen "Me alegraría si por algún golpe de buena suerte tuviera un trabajo superior", o "Me alegraría si por algún golpe de buena suerte tuviera más compañeros". La convicción de que las condiciones pueden dar alegría se aquieta en las personalidades de la gran mayoría a través de medios como la promoción, donde se muestran los artículos, las vocaciones e incluso la tarjeta de crédito que utiliza para generar fácilmente la alegría que anhela.

. . .

Trágicamente, esto es absolutamente un engaño desvergonzado, uno que sirve para explotar los percances y el desánimo de los individuos para vender productos y, en consecuencia, ganar dinero. La verdad básica es que, si bien su trabajo y sus compañeros pueden influir en su alegría, no pueden y realmente no lo lograrán.

La alegría es una perspectiva, considerando todas las cosas, viene del interior, no del exterior. En consecuencia, debes fomentar tu felicidad prestando poca atención a tus condiciones externas. La forma más efectiva de lograr esto es a través de la confianza. Esta parte examinará probablemente las reflexiones "si" más conocidas, descubriendo su efecto en la vida de un individuo, y cómo cambiar esas reflexiones haciendo que la mentalidad gire en torno a la satisfacción, el aprecio y, en particular, el amor propio.

Si tuviera una mejor carrera

Si averiguas si están contentos con su trabajo, sólo la mitad diría que lo están. Esto significa que la mitad entera de las personas están decepcionadas con su responsabilidad en gran medida. Algunos sienten que están agotados, otros se quejan de que se quedan cortos. Muchas personas sienten que su ocupación está por debajo de la media, y no tienen ningún sentimiento genuino de desafío, mejora o autoconciencia. A pesar de estas protestas, una gran cantidad de personas viven vidas generalmente felices y satisfactorias, prestando poca atención al trabajo que tienen. En cualquier caso, esto no permanece constante para aquellos con la mentalidad de pensamiento "si". Son personas que aceptan que su alegría está sujeta a su vocación.

De esta manera viven del pensamiento de que serían más felices si por algún golpe de buena suerte tuvieran una carrera superior.

Por lo general, la gran mayoría que desea un trabajo superior necesita sentirse feliz con su vida laboral, o tal vez necesitan conseguir más flujo de caja. No obstante, por cuenta de individuos que fueron criados por padres juveniles, las razones son únicas.

Estas son personas que constantemente se sienten avergonzadas, como si rara vez fueran adecuadas. Para ellos, un trabajo superior hará que adquieran la consideración y, lamentablemente, ninguna ocupación en ningún momento les da la satisfacción que anhelan. A fin de cuentas, las voces de sus padres suenan continuamente para hacerles saber que no son adecuados, independientemente del trabajo que tengan.

La mejor manera de romper este patrón de antagonismo es comprender que sus padres ya no tienen el control. Depende de ti elegir si tu ocupación es adecuada o no. Depende de ti elegir si buscar o no algo mejor. Lo importante es que te des cuenta de que, a pesar de lo que digan tus padres, eres más que adecuado. ¡Eres una persona realmente increíble! Mientras que una ocupación superior puede darte más dinero o más libertades para el desarrollo, no te hará más merecedor de ser alegre. Deberías estar alegre de la misma manera que lo estás.

Este es el movimiento inicial para suplantar el juicio de tus padres con la autoestima. Concluyes que mereces alegría ahora, no más tarde y no bajo varias condiciones. Decides observar la satisfacción en lo que ya tienes y en quién eres ahora.

Otra forma de poner las cosas en perspectiva es darte cuenta de que tu trabajo no es responsable de satisfacerte, sino que es responsable de darte la oportunidad de obtener un salario. Es la forma en que manejas ese pago, y en tu energía disponible, lo que es responsable de hacer que tu vida sea más placentera y satisfactoria. En el momento en que inviertes más energía haciendo las cosas que te hacen una mejor persona, en consecuencia del calor que tus padres nunca les dieron. Te satisface, alivias el calor de tu responsabilidad de dar significado y felicidad. Trata de no caracterizar tu vida por tu trabajo, más bien caracterizalo por tus inclinaciones, intereses secundarios y cualquier ejercicio que aprecies hacer. Esas son las cosas que realmente importan, ya que reflejan quién eres personalmente.

Cuanto más tiempo pases haciendo cosas que te den alegría, más alegre te sentirás a largo plazo. A la larga, suplantarás la sensación de estar por debajo del estándar y deshonroso nivel de satisfacción con verdadera alegría y sorprendentemente un sentimiento de dirección. A medida que sigas haciendo las cosas que amas, comenzarás a adorar tu vida cada vez más.

Esto te dará una capacidad ampliada para dar amor consciente a ti mismo, ¡algo que realmente mereces!

· · ·

Si me viera mejor

Otro "si" normal que se cree que un sinfín de individuos luchan en la vida es la posibilidad de que puedan ser más alegres si por algún golpe de buena suerte se vieran mejor.

¡Qué idea tan horrible de tener! Suponiendo que realmente consideres eso brevemente, comprenderás que las personas, en un sentido real, dicen que no son suficientes para estar contentas. La verdad, verdaderamente aburrida a considerar es que la publicidad, una vez más, generalmente es responsable de esta actitud. ¿Cuántos comerciales prometen que encontrarás al hombre o la mujer de tus sueños si solo compras su producto y con eso por arte de magia se transformará tu apariencia normal? Esos comerciales incluso muestran cuánto más feliz serás contigo mismo una vez que te mires en el espejo y veas a alguien más atractivo de lo que eres ahora. Obviamente, este es un ejemplo de grandes organizaciones que persiguen la debilidad y el temor del individuo normal para obtener una gran ganancia.

. . .

Si bien la publicidad es una justificación central para muchas personas que tienen una apariencia poco confiable, padres o propósitos establecidos impulsados detrás de sentirse como tal.

Los padres rechazados se apresuran a censurar y avergonzar a sus hijos en cualquier capacidad concebible, y la apariencia no es una excepción para este estándar. A decir verdad, la mayoría de los padres rechazados llaman a sus hijos gordos, feos, demasiado delgados o algún otro término insignificante que demuestra algún defecto real que los separa del resto del excelente mundo. Incluso cuando lo hacen "en broma", como a veces afirman, tales críticas van directamente al corazón de un niño, socavando su propia imagen de maneras que pueden durar toda la vida.

Los padres motivados ya no son excelentes, regularmente se enfocan en la pareja o en su apariencia, cualquiera criado por padres rechazados tendrán otras razones, tanto más las imperfecciones reales que pueda tener su joven, que las incalculables partes de excelencia y de milagro que tienen. Esto puede provocar que una vibra individual rara vez sea lo suficientemente atractiva, a pesar del hecho de que otros podrían envidiar su apariencia real. Una vez más, lo importante es romper el patrón de autodesprecio y comenzar a practicar la autoestima que te dará una alegría genuina y significativa a tu vida.

El movimiento inicial para suplantar el odio hacia uno mismo que tus padres hicieron con la autoestima es cambiar el intercambio hacia ti. La mayoría de los descendientes de padres rechazados o impulsivos escuchan continuamente cosas como "No eres tan encantador como cualquier otra persona", o "Si por un golpe de buena suerte fueras más guapo". La mejor manera de liberarte de estas reacciones abrumadoras es suplantarlas con un intercambio de adoración positivo. Pregúntate qué desearías que tus padres te hubieran dicho. Tal vez desearías que te hubieran ofrecido algo como "Eres la jovencita más linda del planeta" o "¡Crecerás para ser un hombre particularmente atractivo!". No hace falta decir que todos los padres deben expresar esas cosas, ya que deben considerar a sus hijos como las cosas más maravillosas que existen.

Trata de convertirte en el padre que desearías tener. Mírate en el espejo e imagina el pequeño joven que solías ser. Luego dile a ese niño lo que desesperadamente querías escuchar. Cada vez que te mires en el espejo, déjate saber que eres la jovencita más linda del planeta, o que eres una persona muy atractiva. Ámate a ti mismo de la manera en que tus padres nunca lo hicieron. Esta es la manera en que reemplazas el intercambio de odio hacia ti mismo con expresiones de autoestima y autoaprecio.

Cuando se reemplaza el intercambio, tu autorretrato mental negativo será reemplazado por uno positivo, ¡uno que te empodera para participar en tu vida de la manera que anhelas y mereces! Podrías requerir alguna inversión para lograr este objetivo. A fin de cuentas, pasaste toda tu juventud prestando atención a la conversación negativa, por lo que requerirá mucho tiempo lograr que tu cerebro reconozca las palabras positivas que nunca antes escuchaste.

Otra cosa a considerar es que es muy estúpido comparar tu apariencia real con tu capacidad para estar contento. Una vez más, este es el lugar donde el negocio de la promoción es tan desfavorable para la prosperidad del individuo normal. Vivir en una cultura que es la comercialización y la apariencia real abrumada por el realismo, puede causar que incluso el individuo más atractivo y fructífero logré escudriñar su valor de autoapreciación. Posteriormente, otra gran práctica es percibir la forma en que los esfuerzos publicitarios asocian la magnificencia con la felicidad son solo mentiras. Cada vez que veas un negocio que promete felicidad, suponiendo que compres cualquiera de los artículos, cierra tu psique. De hecho, ve más allá y grita "¡Mentiroso, mentiroso!" a la televisión, al anuncio o a lo que sea que estés mirando. Esto eliminará el efecto que causan tales cruzadas publicitarias que afectan tu capacidad de creer que ser consciente de ti mismo vale la pena. ¡Pasando a comprender que mereces ser alegre y querido de la misma manera que eres!

Si tuviera más amigos

La popularidad es un tipo de dinero que decide el valor de la vida de un individuo en nuestra cultura materialista. Esto tiene sentido ya que las personas más conocidas son generalmente las que tienen más efectivo, mejores posiciones y mejor apariencia. Así, el número de compañeros que tiene un individuo es frecuentemente la proporción de cuán alegres o fructíferos son. Cuando tengas más amigos de los que puedas, considera que te ven realmente fructífero. Por otro lado, cuando solo hay un par de personas, te consideran un compañero genuino, te ven como una decepción. La posibilidad de que la cantidad de compañeros que tiene un individuo se acerque a la alegría que experimentas ciertamente no es otra idea de ninguna manera, sin embargo, es una que sigue causando tanto daño en la sociedad actual como lo has hecho en innumerables eventos sociales en el pasado.

Al igual que con las otras reflexiones de "si", la posibilidad de que serías más feliz asumiendo que tuvieras más compañeros también puede ser seguida de ser criado por padres genuinamente juveniles. Las personas que necesitan más amigos son a menudo el resultado de padres latentes, las personas que dieron poca consideración a sus hijos, en consecuencia obstaculizan su capacidad para mezclarse y fomentar el compañerismo crítico.

Mientras numerosos descendientes de padres independientes crecen y se vuelven introvertidos por decisión, otros se vuelven inconformistas porque eso es todo lo que saben. Al vivir una adolescencia desprovista de asociaciones pasionales, el individuo se vuelve ajeno a tales cosas.

En este sentido, siempre son marginados al examinar un estilo de vida que ven como extraño y nuevo. A veces, en cualquier caso, es posible que realmente anhelen la capacidad de continuar con esa existencia cotidiana. Esto es particularmente obvio suponiendo que ven cosas tales como la cantidad de compañeros que un individuo tiene con el grado de alegría que pueden lograr. El truco aquí es romper con la perspectiva que hicieron tus padres y comenzar a crear una mejor y más egoísta mentalidad.

Si bien tener más compañeros puede no ser realmente la distinción entre estar alegre o preocupado, la realidad de la situación es que tener compañeros nunca es algo terrible. Por lo tanto, suponiendo que observes que la demostración de hacer amigos te alarma, o que te sientes indigno de tener amigos, realmente deseas comenzar a cambiar el valor de tu autoestima. El primer paso es decirte a ti mismo que mereces ser feliz, y si eso significa tener amigos, entonces mereces tener amigos. Justo cuando te liberas para dar acceso a otros, podrías comenzar el método para hacer más amigos. El siguiente paso es definitivamente comenzar a hacer compañeros. Por regla general, esto comienza por reunir a individuos y llegar a conocerlos absolutamente. Conversar cordialmente mientras se permanece en la fila del supermercado o visitar al barista en la cafetería son formas sencillas y seguras de establecer contacto con los demás. Cuanto más conforme te vuelvas con esto, más seguro estarás de cuál es tu identidad. Esto te permitirá abrirte a los demás para que puedas enmarcar un compañerismo más significativo con ellos. Comienza a invertir energía en condiciones más amigables, como pequeñas reuniones o fiestas donde puedas conocer a muchas más personas y comenzar a hacer nuevos compañeros.

Eventualmente, todo gira en torno a aventurarte fuera de tu rango habitual de familiaridad y encontrar un nuevo mundo intrigante y animado. Lo principal que debes hacer, en cualquier caso, es decir la verdad sobre cuál es tu identidad. En caso de que luches por abrirte a nuevas personas, solo cuéntales un poco. Cualquier buena persona comprenderá el nerviosismo social y, por lo general, ajustará su comportamiento para asegurarse de que estés cómodo y feliz.

Si bien hacer más amigos puede generar más felicidad, generalmente no es así. Esto es particularmente evidente si a partir de ahora tienes innumerables compañeros. Uno de los temas recurrentes del estado mental considerado "si" es la posibilidad de que más y mejor conduzcan a un sentimiento de alegría más destacado. Al final del día, tener más dinero en efectivo, una mejor apariencia o una casa más grande cambiará tu vida de una forma u otra inexplicablemente y te dará la alegría y la plenitud que deseas. Lamentablemente, no hay límite para esta perspectiva. Es una búsqueda inacabable que no tiene un último objetivo. Por así decirlo, es algo similar a una carrera sin objetivo final. Simplemente sigues corriendo, progresivamente rápido, más y más lejos, y nunca te detendrás. La mejor manera de dejar de correr la carrera sin fin es matar la perspectiva de que la respuesta adecuada está siempre por delante.

Las personas realmente alegres son las personas a las que les gusta lo que tienen, dónde están y, en particular, cuál es su identidad. Justo cuando logres esta perspectiva, podrás dejar de perseguir el objetivo que está infinitamente más allá de tu alcance.

Si viviera en otro lugar

. . .

Área, ubicación. Ese es el mantra de cualquier negocio. Para ser efectivo, debes ubicar tu negocio en el área ideal. Todo lo demás es auxiliar. Puedes tener el mejor artículo del planeta.

Incluso puedes vender ese artículo al costo más reducido del mundo. Todo eso no tiene ningún resultado asumiendo que tu negocio no está en el lugar correcto. En consecuencia, dónde estás es una prioridad más alta que cualquier otra cosa.

Lamentablemente, muchas personas aceptan que este estándar se aplica tanto a la dicha como a los logros empresariales. Esto sugiere que una persona se alegraría si por algún golpe de buena suerte, viviera en otro lugar. Si bien el área puede ser todo cuando se trata de hacer un negocio exitoso, en realidad no afectará a ninguna persona que esté descontenta con su vida. En el mejor de los casos, sólo proporciona un subidón temporal, seguido de un retorno a la insatisfacción general con la vida. En el mejor de los casos, llevará a un individuo a sentir que la satisfacción es imposible, lo que provocará pensamientos sombríos y sorprendentemente autodestructivos.

. . .

Con el fin de suplantar esta perspectiva con una que sea más buena y útil, es importante en primer lugar saber de dónde vino este pensamiento en cualquier caso. Como regla general, cualquier idea de que la felicidad debe lograrse mediante la adquisición de una opción que podría ser superior a la que ya tienes proviene de padres motivados.

Como se mencionó anteriormente en este libro, los padres motivados son las personas que rara vez se sienten satisfechas.

Para ellos, las cosas podrían ser mejores para siempre de alguna manera, y no descansarán hasta que se realicen esas mejoras. Trágicamente, nunca hay un período o lugar que sea suficiente. Por lo tanto, la satisfacción está constantemente más allá del alcance.

Si esta es la mentalidad con la que luchas, realmente deberías percibir que la alegría es una condición, y deberías establecerte en el tiempo y lugar presentes. No es necesariamente el caso de que no debas anhelar en ningún momento estar en otro lugar o lograr algo diferente, sino que implica que cambiar las cosas en la vida no te hará feliz en ningún momento, sino que solo generará la satisfacción que tienes ahora desde el principio. De esta manera, es importante que rastrees la satisfacción donde te encuentras con la existencia que tienes a partir de ahora. De otra manera, simplemente llevarás tu sentimiento de inquietud y decepción contigo a cualquier lugar a dónde vayas, haciendo que incluso el mejor lugar sea un fracaso cuando no da los resultados que esperabas.

El truco, para esta situación, es concentrarte en las grandes partes de tu vida en lugar de las terribles. Cualquier hijo de padres motivados se personalizará para centrarte en lo malo en lugar de lo positivo. Esto es algo contrario a la autoestima o a algún otro tipo de afecto en lo que a eso se refiere. Alguien que llena su corazón y su mente con amor encontrará la belleza en todas las cosas, no los defectos.

Encontrarán una razón para ser felices incluso cuando las circunstancias no sean las mejores. Además, verán las razones como alegres en cualquier lugar donde vivan. Por supuesto, puedes tener un sueño en el que vives en un lugar específico como al lado del mar, las montañas o en alguna ciudad asombrosa y dinámica.

Sin embargo, eso no quiere decir que no puedas encontrar la felicidad donde vives ahora. Lo importante es buscar motivaciones para estar contento, no motivaciones para frustrarte. Lo que hace que los padres motivados sean tan dañinos es que pueden tomar una puntuación del 95% y enfocarse más en los cinco puntos perdidos que en los 95 puntos ganados. Esto crea una mentalidad que se siente insatisfecha, incluso cuando las cosas son abrumadoramente positivas. Simplemente eliminando esa perspectiva, una persona puede en cualquier momento experimentar alegría de cualquier manera genuina. Por lo tanto, descubre cómo apreciar dónde te encuentras, concentrándote en cada uno de los aspectos positivos en lugar de en todos los negativos. En el momento en que fomentes esa capacidad, te permitirá ver el valor en cada una de las partes positivas de ti mismo, suplantando así el autoanálisis por una sólida valoración de ti mismo.

Esto te permitirá estar contento sin importar dónde te encuentres.

5

Cuatro Pasos Para La Sanación Interior

Hasta ahora, este libro ha examinado los diversos tipos de padres jóvenes y las diferentes formas en que pueden afectar la vida de un individuo. Si bien encontrar la esencia real de tu lesión juvenil es un avance básico en el sistema de recuperación, es solo el paso inicial. La siguiente etapa es comenzar a asumir la responsabilidad de tu apasionante prosperidad, terminando así el control que tus genuinamente jóvenes padres tienen sobre ti. Hay varias formas de lograr este objetivo, cada una con una forma extraordinaria de tratar las lesiones entusiastas con las que estás luchando. Esta sección descubrirá cuatro avances explícitos que impulsarán la recuperación interna que tanto anhelan como merecen. Cada avance individual brindará resultados cuantificables e innovadores que desarrollarán aún más tu prosperidad general de manera espectacular. En cualquier caso, al unirte a cada una de las cuatro etapas, lograrás un grado de reparación interna que influye en todos los sentimientos, contemplaciones. Posteriormente, se sugiere que requiera cierta inversión y trabajo para lograr cada una de las cuatro etapas envueltas en está sección. Las cuatro etapas que te llevarán a la recuperación interna son las siguientes:

1. Desarrolla el desapego

Hay varias costumbres estrictas y filosóficas en el planeta que afectan aspectos de tu vida, incluida tu prosperidad real y el tratar de ayudar a una persona a vencer el agravamiento y soportar que experimentan a lo largo de la vida cotidiana.

Quizás el método más ampliamente reconocido para lograr este objetivo es fomentar la separación. De inmediato, esto puede sonar algo mecánico por naturaleza, como si estuvieras intentando cerrar tus sentimientos y convertirte en un androide virtual que no siente ni tormento ni felicidad. En cualquier caso, esta no es la motivación detrás de la separación por ningún tramo de la imaginación. En igualdad de condiciones, la separación es una habilidad que una persona puede crear para protegerse de impactos dañinos, específicamente personas que efectivamente intentan causar agonía apasionada y languidez. De esta manera, al crear la separación, puedes comenzar tu camino a la recuperación interna al evitar que ocurra cualquier otra lesión apasionada. Por así decirlo, se puede considerar este control de daños. Cuando evitas que suceda más daño, puedes comenzar a reparar el daño que ya se ha hecho.

El primer paso es fomentar la separación de los impactos apasionados que tus padres tienen sobre ti. Esta no será una solución conveniente.

Más bien, requerirá un esfuerzo constante e ininterrumpido de tu parte. Puedes imaginarlo como crear fuerza real. Nadie esperaría entrar a un centro recreativo como un individuo estándar y marcharse, pareciendo una cabeza musculosa después de solo un par de reuniones. Cuanta más fuerza necesites para lograrlo, más esfuerzo requerirá. Esto se aplica también a la fuerza entusiasta. Por lo tanto, debes ceder al ciclo, aportando el tiempo, la energía y la resolución que se esperan para verte avanzar en el progreso que cambiará tu vida para siempre.

Una técnica convincente para fomentar esta separación es imaginar la demostración de volver locos a tus padres. Básicamente imagina tu cerebro como una casa donde resides. Tus padres han atacado tu espacio, creando expectativas y cambios en tu hogar con los que no estás contento. En lugar de tolerar eso y permitirles administrar su propio espacio, decides tirarlos, recuperando así el control de tu hogar y la rutina diaria que experimentas dentro de él. Deja a un lado el esfuerzo de imaginar claramente el método involucrado en echar a tus amigos y martillar la puerta detrás de ellos.

Desde el principio, esto puede parecer un simple sueño o la satisfacción de un deseo, pero es, a decir verdad, mucho más.

La imagen de echar a tus padres de tu 'casa' es el primer paso para renovar tu cerebro con el objetivo de que veas a tus padres por fuera en lugar de por dentro. Sea como sea, permites que tus padres accedan a tu entusiasta mentalidad y prosperidad.

Aunque no puedes cambiar la forma en que actúan tus padres, puedes eliminar el efecto que esa conducta tiene sobre ti. Al fingir que están locos, puedes bloquear sus palabras y actividades, por lo que tienes una sólida sensación de tranquilidad dentro de tu psique de las travesuras que harían de alguna manera u otra razón, de la misma manera que tienes una buena sensación de seguridad de las personas indeseables que están invariablemente cerradas de tu hogar. Lo importante es mantener la imagen de tus padres siendo expulsados ya que es nueva en tu cerebro. Incluso puedes crear mantras para ayudarte a mantener esta mentalidad, como "Ya no eres bienvenido en mi casa" o "Ya no me controlas". Estos mantras te aconsejarán que tus amigos estén en el exterior, dejándote libre de cualquier peligro en el interior.

2. Procesa tu duelo

Uno de los componentes más aplastantes del daño entusiasta es el sufrimiento que provoca. Este duelo suele existir sin que el individuo sea consciente de él, lo que lo hace aún más peligroso. La pura verdad es que cada joven merece amor, consuelo y protección de sus padres. Cuando no obtienes estas cosas, una gran parte de tu espíritu se convierte en una explosión de angustia. Tristemente, cuando eres niño, generalmente no tienes la oportunidad ni la comprensión esperada para abordar y manejar este dolor. A fin de cuentas, debes fomentar los métodos de resistencia que te permitan soportar el daño de vivir con padres jóvenes. No obstante, como adulto que busca una recuperación interna de las heridas de su pasado, debes tomarte el tiempo y el esfuerzo necesarios para procesar tu duelo.

Un método decente para hacer esto es a través de la representación. Imagina que te enfrentas a tus padres en una disputa acalorada. Has elegido considerarlos responsables del agravamiento y el sufrimiento que le causaron tanto de niño como de adulto. Reserva el esfuerzo de darte la situación con cautela y pensar en todo lo que quieras decirle a tus amigos. Dado que esta actividad puede generar mucha entrega apasionada, debes asegurarte de tener mucho tiempo y protección antes de comenzar el ciclo. Además, deberás apagar cualquier dispositivo que pueda distraerte de tu ejercicio de percepción.

. . .

Una vez que hayas configurado tu espacio y la visión de tu experiencia, puedes reproducir la historia completa, incluidas las cosas que necesitas decir junto con las afirmaciones que tus padres sin duda presentarían donde algo serio está sucediendo. Sea como sea, para esta situación cuentas con todas las ventajas pertinentes. Tus amigos pueden responder si tú les permites hacerlo, lo que significa que tú tienes el control total.

Además, puedes decir exactamente lo que quieras, utilizando la forma de hablar que quieras y, sorprendentemente, el idioma que quieras. Mientras luchas con tus padres, debes permitirte ponerte tan frenético, resentido, miserable o concebible como puedas. A fin de cuentas, la razón de esta actividad es entregar el dolor reprimido. Por lo tanto, deseas liberar tus sentimientos y dejar que se vuelvan salvajes.

Si realmente necesitas un ejercicio decente, puedes llevar esto a un nivel superior y utilizar el método del asiento vacante.

Este es el punto en el que te sientas frente a un asiento vacío, o dos en la circunstancia actual, y realmente prácticas la escena verbal y genuinamente, como si estuvieras practicando para una obra de teatro o un trabajo cinematográfico. Una vez más, es importante sentirte feliz al hacer esto, luego asegúrate de estar absolutamente solo y que nadie pueda escucharte gritar a tus padres inexistentes. Justo cuando te sientes completamente autorizado a comunicar tus pensamientos, puedes rendirte por completo. Al utilizar la estrategia del asiento vacante, puedes gritar, estrechar la mano, rebotar y hacer cualquier otra cosa que harías suponiendo que realmente estuvieras teniendo una disputa con tus padres. Cuanto más real sea, más energía entregarás, y esto puede ayudar mucho a liberar tu corazón y psique del desánimo y la insatisfacción que te ha abrumado toda tu vida.

Para obtener resultados muy superiores, puedes seguir tu enfrentamiento con una película que sea una tragedia segura.

La película puede ser cualquier película. No es necesario que se trate de la descendencia de padres dañinos o los que lo son a una muy temprana edad. Lo único que es importante de alguna manera es que llores decentemente después de desahogarte. Esto ayudará a entregar mucha más energía apasionada que podría estar esperando debajo de la superficie. Eventualmente, debes dejar esta experiencia sintiéndote sinceramente agotado y agobiado, de la misma manera en que te sentirías realmente agotado más tarde en un maratón o en alguna otra prueba escandalosa que devoró cada onza de energía real que tenías.

Esto dejará tu corazón y tu psique limpios para que puedas comenzar a suplantar las consideraciones y sentimientos negativos con las contemplaciones y sensaciones de adoración, alegría y confianza que realmente mereces.

3. Establece límites emocionales

El tercer medio para lograr la reparación interna es establecer límites apasionados. Para ver el valor de cómo funciona esto, es importante investigar el motivo de los límites en general. La función fundamental de la que sirve un límite establecido es crear una sensación de espacio. Cualquier cosa dentro del límite es genial, atractiva o tiene un lugar contigo. Cualquier cosa fuera del límite es horrible, no deseada o de otra persona.

. . .

Además, los límites también pueden proporcionar protección, como muros, paredes, etc. De esta manera, además de separar lo grande de lo terrible o lo tuyo de lo suyo, los límites pueden mantener aquellas cosas que son grandes y que tienen un lugar contigo protegidas de poderes externos que las socavarían. Esta función es válida para los límites de todo tipo, incluidos los límites emocionales.

Al establecer límites pasionales, lo principal que debes aislar son tus sentimientos de los de los demás. Esto es particularmente evidente debido a tus padres. Dado que los padres jóvenes crearán con mucha frecuencia sentimientos negativos y la energía negativa relacionada con ellos, es indispensable separar tus sentimientos de los tuyos.

Cuando encuentres pensamientos y sentimientos que son horribles o que no tienen un lugar contigo, es fundamental que reinicies la cabeza, haciendo el límite que los sostiene. Deja de atacar tu psique y sabotear tu bienestar y prosperidad apasionados y psicológicos. Cuando hagas este estorbo, sentirás que se te quita un peso de encima, como si una presencia indeseable se hubiera ido de tu vida de repente, llevándose consigo el pesimismo con el que has estado batallando durante tanto tiempo.

Establecer este límite es un ciclo básico, pero requiere una consideración adicional con respecto a cualquier sentimiento que experimente. Básicamente, cada vez que experimentas un sentimiento o una perspectiva específica, realmente quieres hacer una pausa por un minuto para pensar en tu punto de partida. ¿Ese sentimiento es realmente tuyo? ¿Esas reflexiones tienen un lugar contigo? O, de nuevo, como suele ser el caso, ¿pueden esas consideraciones y sentimientos ser rastreados hasta otra fuente como tus padres jóvenes? Cada vez que encuentres reflexiones y sentimientos que no tienen un lugar contigo, trata de liberarlos. Puedes ir más allá y volverlos locos, golpeando la entrada detrás de ellos para garantizar que no regresen. Lo último que debes hacer es permitir que esas consideraciones y sentimientos negativos florezcan en ti y hagan el daño que se espera que hagan. En consecuencia, crea un obstáculo que mantenga las contemplaciones y sentimientos indeseables y desconocidos fuera de tu corazón y cerebro. Esto te permitirá comprometerte con aquellas contemplaciones y sentimientos que dan alegría, serenidad interior y, lo que es más importante, bienestar y más bienestar.

Otro método para establecer límites entusiastas es averiguar qué es satisfactorio y qué no. Por ejemplo, te debes invitar a cualquier idea o sentimiento que te ayude a tener una mejor percepción de ti mismo, sin importar de dónde venga. Por otro lado, cualquier idea o sentimiento que subvierta tu confianza o sentido de autoestima debe ser rechazado, aun cuando tú seas el autor de tales pensamientos. Al asumir la responsabilidad por la idea de las cavilaciones y los sentimientos que se permite que permanezcan en tu cerebro, asumes la responsabilidad por la idea de tu psique misma. Esto te permitirá suplantar los impactos inseguros de pasadas actitudes, generalmente realizadas por tus jóvenes padres, con una perspectiva dispuesta a todo, amor y esperanza.

El secreto para lograr este objetivo es pensar en cada idea y sentimiento que tienes y elegir si mantenerlo o mostrarlo.

. . .

Asumiendo que es destructivo, intelectualmente imagínate mostrándolo fuera de tu casa. Por otra parte, asumiendo que es de naturaleza positiva, imagina darle la bienvenida y convertirlo en un visitante bienvenido en tu hogar. A medida que llene tu psique con reflexiones y sentimientos alegres y positivos mientras elimina todo pesimismo indeseable, toda tu capacidad de ser consciente de ti mismo cambiará, suplantando las imágenes antagónicas hechas por tus padres con imágenes buenas y propulsadas que te permitirán buscar una existencia de alegría, satisfacción y amor.

4. Ejercer el autocuidado

No hay duda de que la gran mayoría de los lectores de este libro se sentirán cómodos a partir de ahora con el aforismo familiar: "abordar el problema de antemano es mejor que abordar las consecuencias más tarde". Si bien esto se relaciona con frecuencia con el mantenimiento del bienestar y la prosperidad reales de uno, la verdad del asunto es que es igualmente consistente con el bienestar y la prosperidad entusiastas de un individuo. Lo que hace que esto sea especialmente significativo es que habiendo invertido la energía y el trabajo para lograr la reparación interna, lo último que debes hacer es permitir que el cinismo regrese a tu corazón y mente y arregle todo el progreso que has hecho. Por lo tanto, una vez que hayas manejado tus pensamientos y sentimientos, el siguiente paso es asegurarte de mantener ese control practicando el cuidado personal.

Uno de los componentes principales de cuidar de uno mismo es mantenerte alejado de la apertura a las personas excepcionalmente pesimistas. Esto puede incorporar a tus padres, pero también puedes incorporar a cualquier otra persona que sea de naturaleza demasiado negativa. Cualquier persona que sea dada al análisis, la auto incertidumbre, el antagonismo o algún otro sentimiento o perspectiva comparativamente negativa puede ser extremadamente peligrosa para tu apasionada prosperidad. Lo que es más importante, a pesar del hecho de que te encuentras en las fases de autocuración, en cualquier caso puedes ser impotente frente a los impactos negativos del pasado, o cualquiera que los provoque. De esta manera, cada vez que escuches a las personas hablar de manera negativa, como despreciar a alguien, examinar a los demás o simplemente quejarte de la vida como regla general, todo lo que puedes hacer es dejarlos y mantenerte alejado de tus comentarios con energía negativa.

No es necesario entrometerte con ellos o pedirles

que estén más seguros, solo vete y protégete de su influencia.

Otra forma importante de cuidar de uno mismo es controlar tu propia respuesta entusiasta a las ocasiones y las personas. Suele ser muy fácil explotar o desconcertarte cuando las cosas no salen como se esperaba, pero esa respuesta puede provocar una perspectiva negativa que puede tener repercusiones confiables.

Cuanto más decepcionado te sientas, más básico te volverás con la vida como regla general, lo que te impulsará a fomentar una perspectiva negativa que te niega la alegría y el amor que deseas. De esta manera, cada vez que sientas que respondes de manera negativa, deberías volverte consciente de ti mismo y asumir la responsabilidad de tus consideraciones, palabras y actividades para que ellos no asuman la responsabilidad por ti.

Acrobacias como llegar a diez cuando sientes que tu sangre comienza a burbujear pueden tener un efecto significativo entre responder de una manera impredecible de la que luego se lamenta en lugar de reaccionar de una manera buena y experimentada que mantiene las cosas en el camino correcto.

Eventualmente, asumir la responsabilidad de tus propias reflexiones y sentimientos es tan significativo, si no más, que cualquier otro avance en el proceso de recuperación interior.

Por último, está el componente de cuidarse que aconseja dejar que los demás compartan el peso.

Esto puede venir en muchas formas, incluyendo encontrar un mentor, obtener asesoramiento o simplemente hacer amigos. Al final del día, la vida es bastante difícil cuando tienes el amor y el apoyo de los demás. Cualquier persona que intente soportar la vida aislada solo hace que el viaje sea mucho más difícil. El problema con los hijos de padres jóvenes es que se han acostumbrado a no tener la tranquilidad básica que tienen la mayoría de los demás. Esto normalmente implica que nunca se permiten confiar en otros lo suficiente como para permitirles ayudar a compartir las cargas de la vida.

. . .

Todo lo que puedes manejar por ti mismo es conquistar este problema de confianza y comenzar a dar acceso a otros a tu vida. Esto te proporcionará el estímulo psicológico y diario importante para llevar una vida sana y alegre. Independientemente de si decides hacer amigos con los que puedas invertir energía y hablar sobre la vida, o si decides buscar un curso a través de un guía o un abogado, lo importante es localizar a las personas con las que puedes hablar sobre tus sentimientos de inquietud, problemas, esperanzas y sueños. Estas personas no solo pueden brindarte orientación complaciente cuando se trata de problemas, sino que también pueden garantizar que nunca tendrás que lidiar con otro problema de forma aislada en ningún momento en el futuro. Esencialmente tener a alguien para indudablemente mirar hacia fuera puede tener un importante efecto con respecto a vencer puntos difíciles en la vida.

6

Cómo Practicar La Mente Propia Y Desbloquear Tu Potencial

Cualquiera que haya experimentado en algún momento un problema físico real sabrá la importancia de la preocupación por el tratamiento diario acerca de la restauración. En el momento en que una persona practica todos los días, puedes recuperarte de tu lesión real más rápidamente y de manera más completa que alguien que no invierte en energía ordinaria y significativa. Exactamente la misma regla permanece constante a causa de la lesión pasional y la lesión. Para lograr una recuperación intensa e ideal de las heridas causadas por padres jóvenes, un individuo necesita ensayar cuidarse a sí mismo constantemente. Tal entrenamiento te permitirá matar toda la energía lamentable de tu corazón y tu cerebro, abriendo posteriormente tu capacidad para continuar con una vida diaria llena de satisfacción, significado y realización.

. . .

Esta sección descubrirá siete métodos para cuidar de uno mismo, junto con las ventajas novedosas que cada uno aporta. Independientemente de si decides ensayar un método o varios, lo principal es adoptar la actitud correcta.

Quieres darte cuenta de que estas estrategias están destinadas a permitirte abordar tus pensamientos y sentimientos negativos y sacarlos de tu corazón y psique. Por lo tanto, posiblemente participes en estas prácticas cuando tengas la oportunidad, el espacio y, en particular, la protección que deseas para obtener los mejores resultados. En última instancia, los efectos secundarios de estas actividades comenzarán a mostrarse, y verás que tienes cada vez menos tagonismo del que liberarte.

Esto te dirá que estás en el camino correcto, el que te dará la armonía interna y la alegría que mereces. Las siete mejores estrategias para cuidar de uno mismo son las siguientes:

1. Un diario

. . .

Pocas cosas en la vida se consideran tan asombrosas como la palabra compuesta. El adagio "La pluma es más poderosa que la espada" muestra exactamente lo increíble que puede ser la palabra compuesta. Una justificación detrás de esto es que un individuo invierte significativamente más energía considerando sus reflexiones y eligiendo sus palabras al componer que cuando habla. Posteriormente, generalmente serán más justos con respecto a sus pensamientos y sentimientos, y profundizarán más de lo que pueden en caso de que esencialmente estén teniendo una discusión con alguien. Esta demostración de reflexión puede ir bastante lejos para encontrar heridas juveniles que siguen trayendo algunos problemas en la vida adulta. Cuando se encuentran estas lesiones, puedes comenzar el proceso de curarlas, lo que traerá bienestar y prosperidad a tu corazón, psique y, en general, a tu vida en general.

Llevar un diario es un método asombroso para llevar a cabo esta búsqueda del alma por dentro y por fuera. Desde un punto de vista, te hace hundirte y realmente pensar en tu corazón y tu cerebro. Esto te permitirá ver la sustancia genuina de las cosas que te atormentan y, posteriormente, te permitirá comenzar a liberarte de esos demonios por última vez.

. . .

Además, la demostración real de registrar tus revelaciones puede convertirse en una especie de expulsión, un método por el que se mueven las consideraciones inseguras y sentimientos de tu psique en papel donde ya no tendrán la opción de lastimarte.

Otra ventaja de llevar un diario es que es absolutamente privado. Esto te permite compartir tus ideas, temores y recuerdos privilegiados más inimaginables y confusos sin resultados. Hay buenas probabilidades de que no sea tan abierto en una discusión verbal con los demás. Si bien tales discusiones pueden ser útiles de muchas maneras, muchas personas temen cómo los verán los demás si suponen que descubren tus lesiones más inimaginables. Sin embargo, dado que nadie está prestando atención o examinando las palabras que escribes en tu diario, puedes entregar incluso las más terribles contemplaciones, sentimientos o recuerdos de tu corazón. Desde el principio, puede ser muy difícil ser tan transparente con respecto a tus malas presencias internas, pero a medida que te sientas cómodo escribiendo en tu diario, observarás que te volverás más legítimo y abierto, y posteriormente te liberaste de la irritación que merodea profundamente dentro de ti.

. . .

Por último, llevar un diario también puede ser un instrumento útil para monitorear tu progreso. Si bien tus obras subyacentes pueden estar dispersas y cargadas de desprecio, temor e indignación, las composiciones posteriores reflejarán a un individuo que es más seguro, más alegre y que tiene un sentimiento más prominente de armonía interna. En el momento en que tu deja de lado el esfuerzo de contrastar tus apartados iniciales y posteriores verás el avance que tu vida ha tenido, una que te lleva de ser un sobreviviente de padres jóvenes a alguien seguro, decidido y rebosante de autoestima y consideración. Esto te proporcionará una inmensa sensación de logro, que no hará más que expandir tus buenas contemplaciones en general y tus sentimientos.

2. Meditación

A veces, la psique de un individuo es tan tumultuosa que es todo menos difícil supervisar las consideraciones en tu conjunto y los sentimientos que giran en tu interior. Una vez verificado el método de fijación de la circunstancia presente es el acto de reflexión. Las lecciones más puntuales con respecto a la intervención incluso aluden a lo que en particular se conoce como la "mente de mono", la condición de tumulto mental que impide que un individuo llegue a ser realmente consciente. La conquista de esta mente de mono fue una de las principales razones para la reflexión en cualquier caso. Por lo tanto, si descubres que no puedes ordenar tus pensamientos y sentimientos lo suficiente como para involucrarte en técnicas de autocuidado, como escribir un diario, es posible que desees comenzar a practicar la meditación para lograr claridad en tu corazón y mente.

Hay varios tipos de reflexión, cada uno con una práctica única y ventajas novedosas. Dado que ninguna estructura individual es totalmente correcta o incorrecta, debes evaluar una o dos estructuras para averiguar cuál es la ideal para ti. Una buena para empezar es lo que se conoce como relajación moderada o contemplación del examen del cuerpo. Este es el reflejo que te permite encontrar la tensión y la presión dentro de tu cuerpo y entregarla aflojando los diferentes músculos impactados antagónicamente. El primer paso es buscar un lugar tranquilo donde no te moleste ninguna persona o interrupción. Luego, siéntate en una posición agradable pero erguida y cierra los ojos. Comienza a controlar tu respiración para tomar respiraciones lentas y completas que te relajen por naturaleza. Debes comenzar con una parte de tu cuerpo, por lo general tus pies, y enfocarte en cómo se siente esa parte. Afloja deliberadamente los pies y la parte inferior de las piernas, visualizando una afluencia de energía cálida y mitigadora que envuelve la región. Luego, pasa a las piernas y repite el ciclo. A la larga, llegarás al punto más alto de tu cuerpo, liberando la tensión de tu cuello y cabeza. Este tipo de contemplación te permite eliminar el nerviosismo de tu cuerpo y fomentar la capacidad de concentrar tu psique en cada cosa a su vez. Con este fin, es un lugar decente para comenzar.

El segundo tipo de intercesión que puede demostrar ser valiosa se conoce como reflexión de la atención plena. A diferencia de la mayoría de los diferentes tipos de intervención, esta se puede ensayar en cualquier lugar con cualquier esfuerzo de la imaginación, prestando poca atención a la conmoción, la interrupción y demás. La marca de este tipo de contemplación es fomentar el cuidado del segundo actual.

Esto ayuda al profesional a liberarse de la propensión a concentrarse en el pasado o el futuro y llenar su cerebro con presión superflua y nerviosismo. Los medios para la contemplación del cuidado son excepcionalmente directos. Cada vez que termines enfocándote en el pasado o en el futuro, vuélvete esencialmente consciente de dónde estás. Independientemente de si estás en el vehículo, en el supermercado o en la ducha, no hace ninguna diferencia. Empieza a centrarte en las personas y las cosas que te rodean, viendo ideas sobre cosas como matices, superficies y olores. Suponiendo que se encuentre en un lugar público, comienza a observar a varias personas, observando su ropa, su peinado y cualquier otro detalle que se pueda ver en un momento. Cuando notes un detalle, continúa con otra persona o artículo y toma nota de las sutilezas de eso. El objetivo es volverte completamente centrado en las personas y cosas que lo rodean, y luego darte cuenta de dónde te encuentras en este momento. Esto te ayudará a alejarte de la demostración negativa de recordar el pasado y llenar tu cerebro con temor e indignación que solo te impedirán disfrutar de las cosas magníficas dentro de tu vida actual.

Finalmente, existe un tipo de reflexión conocida como contemplación de generosidad adoradora. Este es el acto de abrir tu corazón y tu psique a las energías positivas que te rodean, al mismo tiempo que fomentas la propensión de enviar consideraciones positivas y de adoración a personas y cosas en su existencia diaria.

Como la mayoría de los diferentes tipos de contemplación, éste debe pulirse en un lugar tranquilo, libre de clamores o interrupciones. Sentado en una posición agradable pero erguida, debes cerrar los ojos y comenzar a tomar de manera casual y controlada. Luego, comienza a imaginar varias cosas o individuos en tu existencia cotidiana, cada uno a su vez, y crea una reacción positiva a esa imagen.

Debes comenzar con las cosas que realmente te dan alegría, ya que es más fácil tener una buena perspectiva de esas cosas que las que te causan tormento. Posteriormente, asumiendo que tienes un compañero felino, canino u otra criatura crítica, comienza con ellos. Siente amor y calidez hacia ese animal y transmite el mensaje de que lo amas y lo reconoces por lo que es su identidad. Repite este ciclo, fabricando tu sentimiento de afecto y empatía hasta que puedas imaginar serenamente a las personas que te han causado tormento y daño, como padres sinceros y jóvenes. Imagina a tus padres y siente amor y gracia por ellos. Envíales el mensaje de que los disculpas por el agravio que han causado y que los amas a pesar de todo. Esto te permitirá renunciar a los momentos que te producen tormento y experimentar mucho después de que esos momentos hayan pasado.

. . .

3. Visualización

Una vez que hayas supervisado la sustancia de tu corazón y tu psique, puedes empezar a repasar la estrategia de representación. Este entrenamiento es utilizado regularmente por las mejores personas en la vida cotidiana, y tiene muchas estructuras famosas, incluida la notable Ley de Atracción. Esencialmente, la percepción es la forma más común de transformar los sueños en el mundo real. Apenas cualquier proceso de cuidado de uno mismo puede curar a una persona de heridas y tormentos pasados, como la capacidad de hacer y continuar con una existencia perfecta. Afortunadamente, aunque esta interacción requiere una cantidad considerable de tiempo y esfuerzo, es, de hecho, de naturaleza extremadamente simple y directa.

La fase inicial en la percepción es elegir un objetivo. Este objetivo puede ser cualquier cosa, incluso conseguir el trabajo de tus sueños, encontrar la casa de tus sueños o incluso conocer a la pareja de tus sueños. Nada es demasiado grande o excesivamente pequeño para este ciclo. En esa capacidad, puedes decidir imaginar perder diez o incluso cinco libras, recibir un aumento de sueldo en el trabajo o ampliar tu rutina de ejercicios en un cinco o un 10%. Algunas veces, comenzar con objetivos más modestos y factibles es el mejor enfoque, ya que te permite fomentar tus habilidades de representación de una manera discreta pero cuantificable.

Una vez que tengas tu objetivo como prioridad principal, visualiza claramente cuál es ese objetivo. No es necesario encontrar alguna forma de lograrlo. Solo necesitas imaginarlo en tu cerebro. Independientemente de si se trata del trabajo ideal, la pérdida de peso o la persona perfecta, comienza a sentirte extremadamente feliz y consciente de la imagen de tu fantasía y foco para contar sobre ella. Vea su fantasía con tanto detalle como sea razonable esperar, como los números en la escala, los elementos reales de tu personaje de fantasía o el clima increíble de tu línea de trabajo. Lo importante es hacer que la imagen sea lo más genuina y definida posible.

El siguiente paso es agregarte a la imagen. Mírate a ti mismo quedándote en la báscula, viendo tu objetivo cargar de manera interesante. Ve más allá y visualízate usando las prendas que puedes usar cuando alcanzas ese peso objetivo. Por otra parte, vete a ti mismo colaborando con tu personaje de fantasía.

Imagínate teniendo una gran discusión durante el almuerzo o pintando la ciudad en una noche de diversión y sentimiento.

Independientemente de cuál sea tu fantasía, mírate a ti mismo como una pieza funcional de esa fantasía, como si estuvieras viendo una película de cómo será tu vida cuando logres tu ambición de vida.

Finalmente, sientes aprecio por lograr tu fantasía. Independientemente de si aún no lo has reconocido realmente, comienzas a sentir que lo has hecho. Uno de los datos internos semi secretos compartidos por individuos fructíferos es que cuando ajustas tus reflexiones y sentimientos, abres tu potencial real. Por lo tanto, no es suficiente simplemente imaginar la vida de tus sueños; necesitas sentirlo en el centro mismo de tu ser.

Cuando tu cerebro y tu corazón estén unidos, encontrarás las oportunidades que te impulsarán a lograr las cosas que más deseas, y de esta manera transformar tus fantasías en realidad.

4. Yoga

Así como unir tus reflexiones y sentimientos puede tener resultados increíbles, unir tu cuerpo y tu psique también puede tener un resultado sólido. Una de las estrategias más conocidas y viables para unir tu cuerpo y tu cerebro es el acto del yoga.

Este entrenamiento lo capacitará para investigar tus pensamientos y sentimientos más profundos mientras aplicas presión y tensión en tu cuerpo a través de una amplia exhibición de estiramientos y posturas destinadas a expandir tu sentimiento general de prosperidad. Además, puedes decidir practicar yoga sólo en el consuelo y la seguridad de tu hogar, o puedes decidir practicarlo con otros, y así rodearte de la energía positiva de personas similares que buscan bienestar, felicidad y una vida superior.

. . .

El paso inicial para practicar yoga es obtener la orientación adecuada. Si bien el yoga es un tipo de actividad totalmente protegido cuando se perfecciona adecuadamente, es mejor no correr el riesgo de lesionarte como consecuencia de pasos en falso o de intentar posiciones para las que no estás preparado.

De esta manera, debes comenzar a ensayar bajo la dirección de un experto autorizado que pueda guiarte en las primeras fases de tu práctica de yoga. Poco tiempo después, puedes obtener grabaciones educativas que te permitirán practicar cualquier grado de yoga por tu cuenta.

Uno de los ejes fundamentales del yoga es la relajación. Esto sirve para dos capacidades principales. En primer lugar, hace que el profesional se vuelva consciente del segundo actual.

Cuando te enfocas en tu respiración, pierdes la capacidad de permitir que tu mente flote hacia recuerdos difíciles y amados o inquietantes contemplaciones de cosas por venir.

. . .

Esto te ayuda a concentrarte en tu postura mientras practicas yoga, lo que garantiza que te mantengas seguro y obtengas los mejores resultados.

La segunda justificación para centrarte en la respiración es ayudar a relajar el cuerpo. Esto te permite estirarte y moverte sin reservas ya que tus músculos no están tensos ni tensos.

Además, esto también ayuda a disminuir cualquier tensión o lesión que los músculos tensos puedan causar al ensayar una parte de las posturas desarrolladas más adelante. En este sentido, independientemente de si practicas con otros o solo, debes tratar tu toma con seriedad, ya que es quizás el componente principal del yoga.

La demostración de centrar el cerebro y, de esta manera, liberarlo de consideraciones y sentimientos negativos, combinada con la demostración de liberar la presión y la tensión de tu cuerpo a través de estiramientos y regalos, hace que el yoga sea quizás el método más completo para cuidarte a ti mismo para reparar tu cuerpo y tu psique del trauma de tu pasado.

A medida que fomentes tu capacidad para concentrar tu cerebro, lograrás grados más notables de armonía mental y serenidad.

Estos te permitirán renunciar a la agonía y el sufrimiento y convertirte en la persona alegre y cariñosa que realmente eres. Además, al fomentar una asociación con tu cuerpo, puedes construir tu amor y aprecio por ti mismo, reemplazando cualquier mal autorretrato mental del pasado con un autoaprecio positivo que funcionará en cada espacio de tu vida.

5. Arteterapia

Si bien la pluma puede ser más poderosa que la espada, se afirma que las palabras generalmente no pueden hacer justicia a una imagen. En consecuencia, algunos pueden sostener que la mano de obra, no la composición, es realmente el tipo más notable de correspondencia y articulación. Considerando todas las cosas, hay muchos lugares que utilizan lo que se conoce como tratamiento de mano de obra para ayudar a un individuo a adaptarse a las heridas de su pasado y liberarse de sus presencias malvadas internas por última vez. Aunque la terapia del arte puede producir mejores resultados cuando se realiza bajo la supervisión y dirección de un profesional matriculado, el hecho es que puedes producir cambios significativos y medibles incluso cuando se practica solo en la seguridad de tu propio hogar. Por lo tanto, suponiendo que desees ofrecer tus puntos de vista y sentimientos a través de alguna opción diferente a la reflexión o el ejercicio, el trato profesional puede ser el procedimiento de cuidado personal para ti.

Los psicólogos suelen utilizar obras de arte y dibujos para decidir la perspectiva interna de un individuo. De hecho, la tristeza, la indignación y otros sentimientos similares se pueden adivinar en el progreso de varios expertos como pintores, entre otros. Si bien es posible que el artesano no haya planeado que sus sentimientos se filtren en sus obras, es un evento inevitable.

Esto implica que las manifestaciones de pintar y dibujar son estrategias ideales para encontrar y ofrecer sus puntos de vista y sentimientos internos.

Afortunadamente, no necesitas ser un artesano refinado con el objetivo final de la habilidad en el trabajo para ayudarte a expresar tus sentimientos negativos, sino que simplemente debes tener la opción de seguir tu motivación y utilizar las formas, tonos y superficies que se dirigen a ti. Básicamente, comunicar la destreza es un método profundamente cautivador para la inquietud, la indignación y otros sentimientos que las palabras por sí solas no pueden captar. Cuando se utiliza como una forma de tratamiento, muchas personas garantizan una sensación de entrega después de su reunión de manualidades.

Mantener un bloc de dibujo y un lápiz a mano puede ser todo lo necesario para transmitir sentimientos para liberar tus insatisfacciones reprimidas y restablecer tu psique a un estado de quietud y tranquilidad una vez más.

La música es otro tipo excepcionalmente poderoso de tratamiento artesanal. Una vez más, no necesitas tener la opción de tocar un instrumento para obtener los resultados de este tipo de articulación. Todo lo que realmente quieres hacer es tener la opción de utilizar un instrumento para hacer las conmociones que coincidan con tu disposición. Tocar las teclas bajas del piano para comunicar sentimientos aburridos y agonizantes puede hacer mucho para transmitir esos sentimientos al Universo, despejando así tu corazón y tu cerebro. Por otra parte, debes tocar un tambor para generar indignación e insatisfacción. Las funciones de percusión son una práctica típica dentro de numerosas costumbres, y utilizarlas para exorcizar demonios y aflicciones mentales es algo que se remonta a cientos e incluso milenios.

La clave es ofrecer tus puntos de vista y sentimientos utilizando los tonos y ritmos que mejor los aborden. Básicamente, estás utilizando el instrumento como portavoz de tu alma.

Finalmente, para las personas que favorecen un encuentro más real, existe el método de tratamiento artesanal de la danza interpretativa. Este es el punto en el que un individuo acciona su cuerpo de una manera para comunicar un sentimiento o disposición específica o para contar una historia a los que miran. Por suerte, no es necesario que te muevas delante de una multitud de personas para ocuparte de los asuntos. A fin de cuentas, simplemente necesitas permitir que tu cuerpo comience a moverte de una manera que te permita comunicar tu irritación y languidez. A la larga, a través del desarrollo y la energía que usas, sentirás una sensación de entrega, como si tu energía negativa generalmente se hubiera gastado en tu entrenamiento de baile. Puedes utilizar música que coincida con tu temperamento para motivar tus movimientos de baile, o puede pasar a un ambiente tranquilo y silencioso, dejando que tus reflexiones y sentimientos hagan el trabajo.

6. Desarrollar la atención plena

Esta sección ha examinado efectivamente la estrategia de la reflexión sobre el cuidado y los resultados que puedes tener al trabajar en tu perspectiva general. Tal cuidado puede realizarse sin el curso de la contemplación, algo útil para las personas que se sienten excesivamente desordenadas para la reflexión o que necesitan trabajar en algo liberado de sugestiones estrictas o ajenas al mundo.

Crear atención es algo que cualquiera puede hacer, independientemente de dónde te encuentres, con seguridad en los ejercicios que estás realizando. Las estrategias son como la contemplación del cuidado pero hasta cierto punto más variadas.

. . .

Una estrategia para crear cuidado es dar una consideración adicional a los elementos ambientales. Sin embargo, a diferencia de la contemplación del cuidado, no es necesario moverte comenzando con una cosa y luego a la siguiente tras otra. A fin de cuentas, puedes esperar algo específico por el tiempo que desees. La razón por la que harías esto es obtener una comprensión más profunda de por qué algo desencadena una reacción entusiasta en tu interior. Por ejemplo, suponiendo que viste un olor que te pareció encantador, podrías dejar de lado el esfuerzo de preguntarte por qué te influye de esa manera. Pregúntate si te ayuda a recordar algo agradable o, por el contrario, suponiendo que simplemente se inclina hacia los olores que pertenecen a clases específicas. Este es un método asombroso para comprender mejor lo que es tu identidad y la forma en que los factores ambientales influyen en tus reflexiones y sentimientos. Puedes hacer exactamente lo mismo con algo que te parezca satisfactorio en apariencia, como una obra maestra o incluso el atuendo de una persona. Lo importante es llegar a ser completamente consciente de algo específico y cómo eso te afecta.

Otro procedimiento para crear interés es evaluar de forma rutinaria cómo te sientes. Todo alrededor de un progreso, ninguna consideración ni un sentimiento. Como resultado, esos pensamientos y sentimientos pueden influir en las decisiones que tomas sin siquiera darte cuenta.

Para recuperar el control de tu cosmovisión dinámica, debes mantener una atención constante sobre tu condición general. En ocasiones irregulares pregúntate cómo te sientes.

En el momento en que encuentres la respuesta adecuada, da un paso más y pregúntate: "¿Por qué?" Esta es la forma en que fomentas el cuidado de tus pensamientos y sentimientos, pero también te preocupas por los desencadenantes que afectan esos pensamientos y sentimientos. En el momento en que encuentres la razón de tu perspectiva, es más probable que puedas obtener tú mismo los elementos de tu identidad interna. Esto puede ayudarte a monitorear los impactos que pueden afectar negativamente tu mentalidad y, por lo tanto, mantenerte alejado de ellos para mantener una perspectiva positiva. Por otra parte, también puede ayudarte a reconocer las cosas que te dan alegría para que puedas estar más abierto a ellas y a los efectos sonoros y alegres que te brindan.

· · ·

Finalmente, la parte de esto es monitorear dónde estás, pero de dónde no estás. Esto implica que cuando terminas concentrándote en el pasado, puedes advertirte que ya no eres ese niño vulnerable y que tus padres no pueden causarte agonía y sufrimiento por más tiempo. Al darte cuenta de que actualmente no es del pasado, puedes reducir e incluso eliminar los efectos entusiastas de lesiones pasadas, dejándolos muy atrás con frecuencia, la gente básicamente va como dejando de lado el esfuerzo de pensar dónde deberían estar. Puedes dar un paso más y centrarte en una parte maravillosa de tu vida actual.

Este puede ser tu trabajo, tus compañeros o incluso tu felino.

Cuando te enfocas en las partes alegres de tu presente, evitas que el pasado dirija tu vida y, en consecuencia, te ofreces la oportunidad de suplantar el tormento y la paciencia con satisfacción, aprecio y amor.

7. Terapia cognitivo-conductual

. . .

Algunos estados del ser, como una tos o un resfriado, pueden ser tratados por la persona con medicamentos de venta libre a los que puedes acceder rápidamente. Sea como sea, algunos estados del ser, como huesos rotos, neumonía o crecimiento maligno, no se pueden tratar de la misma manera. En definitiva, requieren la consideración de especialistas expertos, al igual que medicamentos y diversas prescripciones no accesibles al individuo normal. Las condiciones entusiastas actúan precisamente de la misma manera. Mientras que ciertas personas pueden tratar y vencer su experiencia psicológica y apasionada por sí solas con los instrumentos esenciales disponibles de inmediato, otras necesitan la ayuda de expertos debido a la complejidad y la gravedad de su condición. Si los tipos de cuidado de uno mismo examinados recientemente no ofrecen resultados cuantificables, es muy posible que sea esencial que busques la ayuda de un experto certificado y autorizado. Un tipo de tratamiento que ayuda a recuperar la pasión y el daño mental se conoce como terapia conductual cognitiva o TCC para abreviar. En el momento en que todo lo demás se desvanece, este podría ser el mejor camino a seguir para recuperar el control de tu vida y reparar el dolor y la experiencia de tu pasado.

. . .

Por lo tanto, la TCC es la forma más común de inspeccionar las prácticas tontas y las reflexiones dentro de las personas y tratar de suplantarlas con reflexiones y prácticas de una naturaleza más sensata. El paso inicial para lograr este objetivo es tomar una idea irrazonable y descubrir los defectos que contiene. Por ejemplo, un individuo puede sentir que todo el mundo lo observa y analiza lo que hace. Algo que es innecesario, esa nunca es la situación, independientemente de cuál sea su identidad. Por lo tanto, el asesor hará que la persona analice esta forma de pensar y vea que básicamente no se mantiene constante. Inicialmente, pueden seguir esta actitud hasta despedir a los padres que continuamente reprendieron y censuraron a los individuos, decidiendo posteriormente su punto de partida. Luego, podrían dar una verificación de que otros no los están regañando. En una reunión colectiva, esto podría parecer como pedir que los demás cierren los ojos y retraten a la persona. La ausencia de representaciones exactas demostraría una falta de interés en la persona por parte de los demás, exponiendo así la idea de que todo el mundo les estaba prestando mucha atención.

Este ciclo equivalente se puede utilizar para examinar prácticas, convicciones y otras reflexiones que normalmente son el resultado de una terrible juventud en la que la mejora emocional y mental de una persona se vio obstaculizada o afectada como para distorsionar su perspectiva sobre los demás, los eventos y la vida en general. Ha sido un aparato convincente para derrotar cosas tales como problemas de indignación, falta de confianza, problemas dietéticos y otras prácticas que son inseguras para el individuo o para la sociedad en general.

Como este método incluye regularmente una escena social, puede tomar mucho tiempo y esfuerzo antes de que un singular se sienta lo suficientemente bien como para abrirse y comenzar a transformarse para mejorar las cosas. No obstante, dado que realmente querrán escuchar a otros hablar sobre sus preocupaciones, tiende a ser un encuentro enormemente seguro, que le garantiza a la persona que está en buena compañía en su agravamiento y sufrimiento.

Al final, el objetivo de la TCC es ayudar a un individuo a supervisar sus contemplaciones, convicciones y reacciones en consecuencia a la vida. La ilustración es que, si bien una persona no puede manejar los eventos que los rodean, puede manejar cómo reacciona ante esos eventos. Por lo general, la TCC es un método para crear habilidades de adaptación positiva dentro de una dirección individual apropiada como niño.

Los estudios dirigidos muestran que gracias a esta metodología, la TCC puede ser tan eficaz o más viable que otros medicamentos más habituales en el tratamiento de personas con dependencia y abuso de sustancias. Esto se debe a que se descubrió que las prácticas dañinas no brindaban realmente la ayuda que garantizaban. Así, se eliminó la confianza en esas prácticas, y las prácticas reales fueron suplantadas por otras mejores para el individuo y cualquier otra persona interesada.

También se ha descubierto que la TCC es tan eficaz como otros tratamientos convencionales para otras afecciones, como el trastorno bipolar, los trastornos de ansiedad y los problemas de manejo de la ira.

Para cada situación, los resultados fueron equivalentes a medicamentos como terapia regular, tratamientos de mediación y, sorprendentemente, la utilización de medicamentos específicos.

. . .

Sin embargo, tal vez la mejor revelación fue que la TCC, cuando se utilizó en combinación con otras estrategias de tratamiento, proporcionó mejores resultados que redujeron el tiempo de recuperación y la probabilidad de reincidencia. En consecuencia, suponiendo que tus sentimientos requieran resultados que cuidarte a ti mismo por sí solo no puedes lograr, debes localizar a un experto en TCC en tu área y coordinar ese procedimiento con diferentes estrategias examinadas en este libro.

7

Cómo Sanar Las Relaciones Con Tus Padres

Cuando se trata de reparar apasionados en los jurados, pocas cosas son tan significativas como un sólido sentimiento de conclusión. Tal conclusión le da facultad a un individuo para definir un límite en su vida, dejando el pasado en un lado de la línea y comenzando otra vida en el otro. Justo cuando puedes dejar atrás el pasado, puedes continuar adecuadamente y comenzar a continuar con la existencia que necesitas. Hasta ese momento, los recuerdos, los lamentos y las agonías del pasado seguirán atormentando tu psiquis, afectando y sorprendentemente controlando tu vida de maneras profundamente lamentables. Probablemente la forma más ideal de ver la conclusión de una adolescencia terrible es dejarte caer y tener una conversación sincera con tus padres genuinamente jóvenes.

. . .

Esta discusión puede ser quizás lo más difícil que hagas en cualquier momento, pero también puede terminar siendo una de las cosas más valiosas que puedes hacer para lograr un cambio positivo en tu vida.

Además, tal discusión realmente puede desarrollar aún más la relación que tienes con tus padres, brindando en consecuencia más consuelo de las heridas de tu pasado. A fin de cuentas, no debes avanzar hacia esta discusión lastimosamente.

A fin de cuentas, tú realmente quieres asegurarte de que cada componente de la ocasión se organice minuciosamente para permitirte la mejor oportunidad de lograr los resultados que deseas. Esta sección descubrirá los componentes más significativos absolutos en cuanto a la organización, el arreglo y el inicio de esta conversación extremadamente importante.

1. Elegir el lugar adecuado para la conversación

Lo principal que realmente deseas hacer cuando tienes la intención de tener una discusión sincera es elegir el área para que ocurra la discusión. De una forma u otra, esto puede verse como el principal avance, ya que elegir un área inaceptable puede hacer que las cosas se autodestruyan incluso antes de que comiencen.

Por lo tanto, debes invertir tu tiempo y energía observando los lugares perfectos antes de comenzar a reflexionar sobre las cosas que necesitas decir.

Un paso en falso fácil de cometer es elegir un área que sea agradable para ti, aunque sea nueva para tus padres.

Muchos individuos imaginan que al tener su discusión donde se sienten en control, adquirirán el terreno elevado, de esta manera se les da poder para estar a cargo de la circunstancia.

De esta manera, das la bienvenida a tus padres a tu hogar o algún clima similar tratando de sabotear la idea controladora de tus padres y darles la notoria ventaja de jugar en casa.

. . .

Lamentablemente, este procedimiento falla casi sin falta. La pura verdad es que los individuos sinceramente juveniles se vuelven protectores cuando están fuera de su rango habitual de familiaridad, y los padres no están exentos de esto. De esta manera, suponiendo que intentes utilizar la ventaja de jugar en casa, solo intentarás que tus amigos se cierren desde el principio, haciendo que tu discusión sea ineficaz y que tu tiempo y esfuerzo se desperdicien.

Una confusión igualmente terrible es llevar a cabo la discusión en la casa de tus padres o en un clima igualmente agradable en el que se sientan a cargo. Esto solo hará que tus intentos sean más difíciles, ya que tus padres sacarán fuerzas de sus factores ambientales y, por lo tanto, se volverán cada vez más poderosos a medida que crezca la discusión. Por lo tanto, nunca, nunca pienses que tu determinación y resolución serán lo suficientemente fuertes para superar tal desventaja. A fin de cuentas, decide tener tu discusión en un lugar totalmente imparcial, un lugar del que ninguna de las reuniones obtenga un beneficio o una carga. Esto evitará que tanto tú como tus amigos se vuelvan demasiado cautelosos o demasiado agresivos durante el transcurso del encuentro.

. . .

Los lugares públicos, como restaurantes o centros comerciales, se pueden utilizar para crear un ambiente neutral y seguro para tu conversación. Sin embargo, estos lugares tienen ciertas desventajas. Los demás en tu cercanía pueden hacerte sentir inseguro, desviando así tu atención de la misión actual. Esto puede hacer que trates de no hacer declaraciones que realmente necesitas decir, o de comunicar tus sentimientos por completo. Por lo tanto, una decisión superior es algún lugar imparcial y genuinamente privado, como un área de recreación, junto al mar o algún lugar donde puedas hablar y actuar sin reservas sin sentir que estás a la vista. Además, dicho lugar permitirá que cualquiera de las partes se vaya de la nada, a diferencia de un café donde debes completar el proceso de comer y pagar la cuenta antes de poder partir.

2. Empezar bien la conversación

Una vez que hayas elegido el área para tu discusión, el siguiente paso es pensar en la sustancia de la discusión real. De la misma manera que un área inaceptable puede aniquilar cualquier expectativa de un resultado efectivo, así también, comenzar la discusión de manera incorrecta puede provocar la derrota incluso antes de que la "lucha" comience. Lo principal al comenzar la discusión es concentrarte en el futuro en lugar del presente. Suponiendo que comiences diciendo lo dañado que estabas cuando eras joven, crea un clima de juicio, uno que provocará una postura cautelosa por parte de cualquier individuo, sin mencionar a los padres jóvenes. En consecuencia, comienza la discusión expresando tu objetivo, sé específico en que quieres que tu relación con tus padres sea superior a lo que es actualmente 18.

Establecer un objetivo que albergue el bienestar de las dos reuniones en un nivel básico es una cierta forma de exhibir objetivos serenos y generosos, a los que sus padres puedan responder. La clave es lograr que tus amigos se abran a medida que se desarrolla la discusión, y garantizarles que con sus objetivos positivos puede ayudar a lograr que se abran desde el principio. Además, al advertirles a tus padres que necesitas que la relación mejore, les ofreces la oportunidad de presentar cualquier queja o deseo de su parte. El hecho de que sean jóvenes no significa que estén equivocados en todos y cada uno de los temas. La verdad del asunto es que es posible que tengas que percibir tus propias imperfecciones con respecto a tu lado de la relación. Eventualmente, esta discusión puede ayudar a conducir al desarrollo en ambos lados, no solo en tus padres.

3. Cómo evitar desencadenar una explosión

Hacer que las cosas empiecen bien es solo una gran parte de la lucha. La otra mitad es asegurarte de que las cosas permanezcan enfocadas y no te desvíes del tema por ofrecer algo que desencadene la temida y asombrosa explosión que pondrá fin a la discusión rápidamente y para siempre. Por lo tanto, realmente debes tratar de no involucrarte en una discusión o disputa de ningún tipo. En igualdad de condiciones, permite que tus padres den su opinión sin descartar o condenar sus puntos de vista. Independientemente de si sus puntos de vista o explicaciones son totalmente innecesarios, falsos o excesivamente amenazantes, es importante que no permitas que la discusión se convierta en una disputa. Cuando una disputa llega a buen término, tus probabilidades de lograr una conclusión, sin mencionar una mejor relación con tus padres, se disparan por completo.

Recuerda, probablemente solo tendrás una oportunidad para hacer que esta discusión funcione. En consecuencia, es importante que hagas todo lo posible para garantizar que logres tus objetivos desde el principio.

Un buen arreglo para mantenerte alejado de una contienda es controlar tu estado de ánimo. Comprende, esta discusión no será un encuentro encantador. En igualdad de condiciones, será extremadamente desagradable, lo que provocará que tus nervios se deshilachen incluso antes de que te presente en el área elegida. En consecuencia, realmente debes utilizar todos los mecanismos que tienes para mantener tus sentimientos en secreto. Lo último que realmente quieres hacer es perder la cabeza, responder de una manera hostil y sin sentido y, en consecuencia, sabotear tus probabilidades de salir victorioso.

Mantén una actitud serena, independientemente de lo que digan tus padres. Es posible que debas acumular hasta cinco, diez o incluso 100 para mantener una actitud tranquila y evitar responder a las articulaciones destructivas de tus padres. No obstante, tales esfuerzos serán beneficiosos suponiendo que te ayuden a lograr tus resultados ideales.

. . .

Otra gran metodología es ayudarte a ti mismo a recordar cualquier palabra, mirada u otro "tick" que pueda incitar una reacción cargada de sinceridad por parte de tus amigos. Es muy posible que sea muy fácil fingir exacerbación cuando alguien ofrece algo totalmente absurdo. Tal articulación puede ser todo lo necesario para desencadenar una explosión, y en este sentido concluye tu discusión.

En consecuencia, para permitirte la mejor oportunidad de logro, debes practicar tu discusión frente a un espejo, imaginando cada reacción concebible de tus amigos. Esfuérzate por mantener una disposición mental fría cuando reacciones incluso ante las cosas más terribles que tus padres puedan decir. Incluso puedes tener una cubierta de compañía para tus padres, por lo que puedes tomar por sorpresa las reacciones. Esto te ayudará a fomentar la presencia en el escenario, importante para controlar las cosas, independientemente de lo impredecibles que puedan llegar a ser los sentimientos.

4. Cómo ser fiel a ti mismo

. . .

Incluso con el escenario, la presentación y la estructura de discusión más meticulosamente organizados, en cualquier caso puede haber algunos peligros ocultos en las sombras que pueden subvertir tus esfuerzos en tu conjunto y tus expectativas. Uno de esos peligros es perderte en la fuerza que existe aparte de todo lo demás. No hace falta decir que una conversación de esta magnitud con padres emocionalmente inmaduros será, en el mejor de los casos, impredecible. ¿Cuánta resistencia y hostilidad por parte de los padres puede ser suficiente para revolver la psique de incluso el individuo mejor organizado.

Los padres jóvenes necesitarán controlar el tono y la naturaleza de cada discusión que tengan, y esta no será una excepción. En este sentido, debes ir a lo seguro para garantizar que te mantengas constante contigo mismo y con tus objetivos, independientemente de lo que intenten hacer tus padres.

Un método decente para mantenerte coherente contigo mismo durante la discusión es registrar los puntos que necesitas cubrir.

. . .

No es necesario que registres toda la discusión que necesitas tener, exactamente con las mismas palabras, como si fuera un contenido. En igualdad de condiciones, simplemente necesitas tener un resumen de los puntos importantes que crees que deberían ser atendidos e idealmente resueltos. Suele ser muy simple imaginar que realmente no puedes olvidarte de tus reflexiones y objetivos, ya que para todos los efectos has consumido todo tu tiempo en la tierra considerándolos. En cualquier caso, nunca se debe juzgar mal el efecto que los padres jóvenes pueden tener al frente de tus pensamientos. Cuando tales padres se meten en una digresión inesperada, puede cambiar drásticamente la dirección de una discusión, y sin duda el individuo mejor organizado tendrá cualquier oportunidad de recuperar el control y hacer que las cosas vuelvan a la normalidad.

Este es el lugar donde tener un resumen de los temas evitará que te pierdas en el rumbo y la energía de un esfuerzo sincero por parte de tus padres para capturar la discusión y cambiar el curso de la historia a su favor.

Tan importante como monitorear tus consideraciones parece ser tener la actitud correcta para esta discusión excepcionalmente difícil. Debes permanecer tan sinceramente desconectado de la situación para evitar que tus padres tengan la opción de controlarte a ti y a la situación con las acrobacias y estrategias perversas que han usado para controlar toda tu vida.

Un método para lograr esta condición de separación es considerarte un paria diciendo algo sobre los dos jugadores, actuando como una especie de intermediario. Esta perspectiva te impedirá pensar literalmente en cualquier palabra brutal y, en consecuencia, te ayudará a mantener un cerebro inconfundible, independientemente de lo que hagan o digan tus padres.

Imagina que eres un asesor legal que intenta resolver un debate y que debería intentarlo o ganar realmente con respecto a la situación actual. En el momento en que eliminas la idea de ganar o perder, eliminas el temor y el nerviosismo de la circunstancia, lo que te permite actuar con cortesía, belleza y, sobre todo, dignidad.

5. Cómo establecer límites de manera efectiva

. . .

Finalmente, está la parte de definir poderosos límites entusiastas. Estos límites funcionan como principios de compromiso, por así decirlo, garantizando un campo de batalla nivelado para todos los miembros. Muchas personas utilizan erróneamente los límites entusiastas como una especie de escape a la crisis, que les permite irse repentinamente cuando las cosas se calientan demasiado o tienen mucho que soportar. Si bien esto puede parecer un arreglo decente, puede tener el impacto no deseado de ofrecer a un individuo la oportunidad de detenerse antes de lograr sus objetivos. Incluso, esta discusión tiene la intención de ayudarte. Posteriormente, debes permanecer en él hasta el final a prácticamente todos los gastos. Sin embargo, debes protegerte de los daños y perjuicios superfluos que padres jóvenes podrían intentar incurrir en tales circunstancias.

Algunos de los límites a establecer pueden incluir cosas como centrarte en el pasado, jugar al "intento de señalar con el dedo", y volverte excesivamente antagónico, tanto en el tono como en la sustancia de lo que se dice. La forma principal en que tu discusión puede generar resultados positivos y duraderos es asumiendo que se lleva a cabo de una manera agradable y razonable. En consecuencia, cualquier cosa que subvierta la sensatez y la respetabilidad puede recordarse como límites establecidos para la discusión. Puedes decidir hablar de estos límites al principio, aunque eso puede tener el resultado no deseado de crear un tono antagónico para la ocasión. En consecuencia, se sugiere que abordes las infracciones a medida que ocurren, tomando nota de cómo son indeseables para la expectativa de un mayor desarrollo de las relaciones y, en consecuencia, deben evitarse.

Además de definir límites para la discusión real, también puede definir límites con respecto al papel que juegan tus padres en su vida a partir de ahora. Cosas como el control de las perspectivas, la impedancia en cuestiones cercanas al hogar, el maltrato psicológico, etc., pueden configurarse como actividades que no continuarán sin tener graves consecuencias en el futuro. Obviamente, debes reformular las cosas en tu resumen para que suene menos básico y de naturaleza condenatoria. Incluso puedes optar por utilizar casos explícitos de conducta que no necesitas repetir, evitando así el uso de títulos y etiquetas que pueden confundirse con honestidad o por malas razones. Lo importante es crear un sentimiento de juego razonable con respecto a la relación que deseas tener con tus padres. Puedes tomar algún tiempo para que estos nuevos estándares se afiancen, pero suponiendo que los implementes adecuadamente, deberías ver que comienzan a impactar tu relación de manera decisiva.

Las formas en que puedes mantener tus reglas elegidas pueden incluir colgar cuando tus amigos gritan por teléfono, enviar a tus amigos a casa cuando atacan tu espacio o cualquier método similar para terminar inmediatamente con la mala conducta. Eventualmente, indiscutiblemente todo gira en torno a evitar que tus padres controlen tu vida negativamente, por lo que distinguir y descartar conductas negativas son dos cosas totalmente esenciales para lograr ese objetivo.

8

No Te Rindas

AL LEER DETENIDAMENTE ESTE LIBRO, es posible que hayas visto exactamente cómo puede ser realmente probarte a ti mismo recuperando la interacción. Por cierto, no hay una varita encantada que puedas agitar y hacer que los impactos del pasado desaparezcan sobrenaturalmente. A fin de cuentas, debes participar en varios ejercicios constantemente para liberarte del dominio que tus padres tienen sobre ti incluso hasta el día de hoy. Además, una parte de las prácticas en las que tienes que participar son profundamente perturbadoras. Te llevan cara a cara con tus espíritus malignos internos y te dan poder para luchar contra ellos por tu vida real. Durante un proceso tan extremo y exigente, es normal que incluso las personas más castigadas necesiten rendirse e irse para no tener que manejar sus lesiones anteriores.

. . .

Desafortunadamente, esto simplemente no es una opción. En el momento en que abandonas el proceso de recuperación, simplemente te rindes a los impactos que tus padres jóvenes realmente tienen sobre ti.

De esta manera, debes continuar avanzando todo el tiempo, sin importar cuán problemático, oscuro o molesto pueda volverse. La verdad básica es que cuanto más difícil es la excursión, más notable es el premio. En este sentido, realmente debes aconsejarte a ti mismo que simplemente derrotando tu pasado serías capaz de comenzar a continuar con la existencia que bien y realmente mereces. Este capítulo discutirá algunos consejos sobre cómo continuar, incluso cuando más desees rendirte y olvidarlo todo. ¡Al llevar a cabo estas estrategias en tu proceso de auto-recuperación, te permitirás la oportunidad más ideal de realización y, en consecuencia, la oportunidad más obvia para rastrear la alegría y la prosperidad más que nunca!

La curación lleva tiempo

Tal vez el consejo principal con respecto a la auto-reparación es el de darte el tiempo que realmente deseas.

Por lo general, con mucha frecuencia, las personas esperan que el momento produzca lo que hacen, a pesar de la auto-reparación. Con un público general donde todo es útil, no es una gran sorpresa que la gran mayoría no tiene el autocontrol para poseer un objetivo fiable en la medida de lo posible. No obstante, cuando las apuestas son tan altas como estas, en realidad debes mantener todo el camino hasta el objetivo final. En consecuencia, debes deshacerte de la perspectiva que anticipa los resultados del momento y sustituirla por una que sea paciente y perseverante.

Realmente en ese momento serías capaz de obtener el progreso que deseas llevar a cabo con la existencia que deseas.

Un procedimiento decente para lograr este objetivo es establecer objetivos sensatos. En consecuencia, en lugar de tener una mentalidad de "ganar a lo grande o fracasar", separas tu objetivo general en objetivos más modestos y cuantificables.

Por ejemplo, puedes darte medio mes para coordinar el yoga en tu horario diario, o puedes definirte el objetivo de ensayar la contemplación constantemente antes de que termine el mes.

Cada avance te llevará más cerca de tu objetivo general. De esta manera, lo único que es importante de alguna manera es que continúes dando esos pasos, siempre uno a la vez, y dejes que todas las demás cosas se ocupen de sí mismas. Trata de no anticipar los resultados del momento, y no te abandones cuando no estés tan avanzado como necesitas. Independientemente del tiempo que continúes invirtiendo el tiempo y la energía en la interacción, crearás los resultados que anhelas y mereces.

Realizar un seguimiento de tu progreso

Otro gran método para administrar la duración del propio proceso de recuperación es monitorear tu progreso. Nuevamente, cuando solo te enfocas en el objetivo final, puede parecer que la carrera nunca terminará. No obstante, cuando dejas de lado el esfuerzo de registrar tu avance, concentrándote incluso en las victorias más pequeñas, comienzas a sentir una sensación de logro a pesar de que la meta final aún está bastante lejos. Básicamente, mientras sigas invirtiendo energía y esfuerzo, ganarás terreno.

En consecuencia, percibe el camino que estás tomando y date el crédito y el aprecio que te mereces. Este ciclo no es algo con lo que debas meterte. De esta manera, cada progreso que tomes para lograr tu objetivo de auto-recuperación es un triunfo completo por sí solo. Averigua cómo elogiar estos triunfos y rastrear la euforia en el viaje.

Tal vez la mejor manera de cuantificar realmente tu avance es hacer un seguimiento de las cosas que harían que tus padres se volvieran peores. Empieza a registrar cómo respondes a esas circunstancias cada vez que te enfrentas a ellas. Al final, verás que tu conducta avanza, haciendo que te parezcas cada vez menos a tus padres con cada experiencia. En el momento en que te ves alejándote del impacto de tus padres, te das cuenta de que vas por el camino correcto. Cuando comiences a ver los resultados, no importará la cantidad de tiempo que requiera el ciclo. Te das cuenta de que estás trabajando todos los días, y eso es todo lo que realmente cuenta. A decir verdad, cuanto más tiempo pase, mejor resultará ser, así que cuanto más prolongado sea el ciclo, ¡mejor!

. . .

Hazte responsable

A veces puede ser muy tentador detener un proceso de recuperación solicitado, en particular uno que requiere tanto examen del alma y lucha contra el diablo como recuperación de padres jóvenes. El problema con esto es que, suponiendo que te vayas de vacaciones, se vuelve más entusiasta volver a la práctica diaria y, posteriormente, comienzas a perder tu fuerza así como pierdes el terreno que tienes a partir de ahora adquirido. Para evitar que esto ocurra, realmente debes hacerte responsable.

Un método para considerarte responsable es ensayar la técnica anterior para definir objetivos. Cuando te fijas objetivos normales y cuantificables, te aseguras de mantener una fuerza específica que te acercará progresivamente a tu objetivo. Registrar esos objetivos es un método seguro para mantenerte motivado, ya que lo último que necesitas es que tus objetivos bombardeados te miren directamente a ti todos los días, lo que te hará sentir derrotado.

Hacerte responsable puede requerir más disciplina de la que tienes, y eso no es fenomenal. Si terminas retrasándote a pesar de tus intentos serios, es posible que debas adquirir otros.

Cuando te consideras responsable ante los demás, pierdes la capacidad de ignorar las ocasiones en las que te olvidas de invertir la energía y el esfuerzo necesarios para ganar terreno.

Por lo tanto, en caso de que no puedas hacer frente a tus esfuerzos solo, pide a otra persona que te ayude. Al comunicar tus objetivos y suposiciones a otras personas, se da una inspiración adicional para mantenerse enfocado. Por terrible que pueda ser decepcionarte a ti mismo, es mucho más atroz reconocer la incapacidad de otra persona. No tener ningún deseo de examinar terriblemente frente a los demás puede tener un efecto significativo entre mantenerte concentrado y permitirte rendirte cuando la prueba resulta demasiado dura.

Encuentra a alguien en quien puedas confiar

Otra de las ventajas de ofrecer a tu alguien más es la posibilidad de observar a alguien en quien puedas confiar. Habrá momentos a lo largo de tu excursión en los que quieras conversar con alguien en quien puedas confiar. Independientemente de si realmente deseas desahogarte, descubrir tus aprensiones, hablar de tus batallas o simplemente buscar una presencia reconfortante, tener a alguien allí puede ser uno de los componentes principales de tu proceso de autorecuperación. Tal persona puede brindarte la energía y el respaldo que deseas para superar incluso los momentos más difíciles, manteniéndote así en el objetivo, independientemente de cuán difícil se vuelva la excursión. Además, pueden elogiar tus éxitos contigo, dándote un saludo comenzando con una victoria y luego con la siguiente. Cualquier individuo que en algún momento haya logrado algo ventajoso ha dicho consistentemente que nunca lo habría hecho sin ayuda. Siendo todas las cosas objetivos y supuestos iguales, atribuyen tu prosperidad a la adoración y el respaldo de las personas que los rodean. Para permitirte la mejor oportunidad de progreso, debes seguir sus indicaciones y hacer lo que sea necesario para no lograr el proceso de reparación solo.

Convierte sus pérdidas en ganancias

. . .

Cada ciclo acompaña tu porción de ganancias y desgracias, triunfos y decepciones. El contraste entre las personas que tienen éxito y las personas que bombardean se reduce a un simple truco. Transforma continuamente tus desgracias en ganancias. Nadie puede mantenerse alejado de cada enredo y dificultad en su camino hacia el progreso, por lo que no sirve de nada intentarlo. En igualdad de condiciones, reconoce las dificultades.

Sorprendentemente, los lazos salen mejor como individuo para ellos. Este es el truco de ganar incluso cuando sufres una derrota.

Un método para lograr esto es volver a levantarte un poco tarde cada percance y volver a la carrera. Esta sencilla demostración repensará la idea real de las dificultades. Muchos consideran que la incapacidad es el final de la excursión. En consecuencia, lo temen con cada progresión que toman. Por otro lado, los individuos fructíferos consideran la incapacidad como una oportunidad para sustentarse. Al levantarte más tarde de una desgracia y seguir tu rumbo, demuestras que estás más conectado a tierra que los percances a los que te enfrentas.

. . .

Esto eliminará el temor a la decepción de tu psique y, en consecuencia, te convertirá en un individuo más conectado a tierra como resultado.

Otro método para transformar las desgracias en ganancias es percibir que cada desilusión es, a decir verdad, una oportunidad de aprendizaje. La mayoría de los desarrollos pasaron por etapas de modelo incalculables antes de que se planificara la última forma. En lugar de tratar un modelo que no cumplió como una decepción, los creadores tomaron los ejemplos de la experiencia y utilizaron su información recién descubierta para hacer un plan superior, uno que finalmente funcionaría y les traería logros. De esta manera, considera cada dificultad como una oportunidad para aprender ejemplos importantes, que te hagan más astuto, más firme y mejor por lo que vales.

En el momento en que ves la decepción de esta manera, incluso tu mayor decepción se convierte en algo de gran valor, algo que impulsa tu posible y total éxito.

. . .

Una vez que logres la mentalidad de transformar las desgracias en ganancias, puedes comenzar a cambiar la forma en que tu pasado influye en tu vida actual. En la actualidad, en lugar de estar avergonzado e irritado con respecto a tu juventud, puedes considerar tu adolescencia como una fuente significativa de participación, formación y oportunidad. El modelo establecido por tus padres jóvenes puede ser lo que te convierta en el mejor padre posible. Además, la irritación y la paciencia que experimentaste cuando eras niño pueden ser lo que te garantice brindar a tus hijos la adoración, la satisfacción y la seguridad que merecen. Eventualmente, es posible que hayas perdido tu juventud, sin embargo, eso no significa que hayas perdido tu vida en general. A fin de cuentas, tienes una vida asombrosa por delante, una en la que se te permite ser lo mejor de ti mismo, se te permite ser el compañero, la pareja, el amigo y padre más cercano que cualquiera pueda esperar. Así, puedes tomar tu adolescencia perdida y transformarla en el mejor matrimonio para tu cómplice, o la mejor juventud para tus propios hijos. ¡Esta es una manera definitiva por la cual puedes transformar tus desgracias en ganancias!

Conclusión

Ahora que has leído detenidamente este libro, tienes todo lo que realmente deseas para recuperar tu vida y convertirte en la persona que deseas ser. Independientemente de cuán dañina o terrible haya sido tu juventud, ahora podrías iniciar el curso de la autorrecuperación y de esta manera liberarte de la agravación y languidez que te ha atormentado durante toda tu vida. Independientemente de si el camino hacia la recuperación es largo, esencialmente te das cuenta de que vas por el camino correcto y que la satisfacción es alcanzable. Con cada paso que das no muy lejos de la recuperación, te sentirás más feliz, mejor y más liberado que en cualquier otro momento en la memoria reciente. Aquí hay algunos temas centrales para recordar al comenzar su proceso de autorrecuperación:

- Al comprender a tus padres, podrás comprender mejor el impacto negativo que han tenido sobre ti.
- Al reconocer tus propias luchas, puedes comenzar a superarlas con las técnicas correctas de autocuración.

- A medida que practiques el autocuidado y otros métodos de autocuración, comenzarás a transformar tu vida de una de trauma a una de triunfo.
- Lo importante es ser siempre honesto y fiel a ti mismo.
- Puedes deshacer los efectos de tu pasado tóxico y convertirte en la persona que quieres ser.
- Una vez que tomas el control de tu vida, no hay nada que no puedas hacer.

Puedes ver el camino hacia la recuperación como algo genuinamente corto y directo. Alternativamente, puedes encontrar que es un largo camino que pondrá a prueba tu fuerza de voluntad y resolución, llevándote a tus límites una y otra vez.

Lo importante para recordar es que cuanto más difícil sea la excursión, mayor será el premio. Cada paso y cada progresión hacia adelante es una etapa que se aleja de la anterior y una más cercana a tu futuro, un futuro cargado de adoración, dicha y un sólido valor de autoapreciación. Cuando repares las heridas de tu pasado, en realidad querrás ser el amigo, el compañero y el padre que la gente realmente tendría. Simplemente recuerda que, independientemente de lo difícil que sea el viaje, mereces el trabajo. ¡Tienes derecho a tener una vida feliz y satisfactoria, que revele y satisfaga tu potencial real!

www.ingramcontent.com/pod-product-compliance
Lightning Source LLC
Chambersburg PA
CBHW071847070526
44583CB00016B/1582